知识生产的原创基地
BASE FOR ORIGINAL CREATIVE CONTENT

疯讲

Effective
Speech
and
Communication

超级演说、讲课
与沟通结构设计

厚朴 著

中国广播影视出版社

图书在版编目（CIP）数据

疯讲：超级演说、讲课与沟通结构设计 / 厚朴著. -- 北京：中国广播影视出版社，2021.1
　　ISBN 978-7-5043-8522-2

Ⅰ. ①疯… Ⅱ. ①厚… Ⅲ. ①演讲 – 语言艺术②心理交往 – 语言艺术 Ⅳ. ① H019 ② C912.13

中国版本图书馆 CIP 数据核字 (2020) 第 211414 号

疯讲——超级演说、讲课与沟通结构设计
厚朴　著

责任编辑	杨扬
责任校对	张哲

出版发行	中国广播影视出版社	
电　　话	010-86093580　　010-86093583	
社　　址	北京市西城区真武庙二条9号	
邮　　编	100045	
网　　址	www.crtp.com.cn	
电子信箱	crtp8@sina.com	
经　　销	全国各地新华书店	
印　　刷	文畅阁印刷有限公司	
开　　本	880毫米 × 1230毫米　1/32	
字　　数	104（千）字	
印　　张	6.5	
版　　次	2021年1月第1版　2021年1月第1次印刷	
书　　号	ISBN 978-7-5043-8522-2	
定　　价	59.00 元	

（版权所有　翻印必究·印装有误　负责调换）

Preface

前言

掌控人生关键时刻

在人生的旅途中,总有一些影响你命运轨迹的关键时刻,比如一次争相角逐的竞聘演说、一次高端隆重的提案总结、一次千载难逢的商业路演、一次贵宾满座的酒席致辞……这个时候,你需要具备一项非常重要的能力——当众演说。你希望在这个关键时刻,自己能够变成一个伶牙俐齿、口若悬河的人,但结果往往差强人意。

或许你和我一样,看了很多关于演说的书籍,学了不少提升口才的秘诀,但最终发现并没有多大进步。于是,你开始怀疑自己是否具有演说天赋,难道演说成功只是取决于口才吗?对于我们这些没有伶牙俐齿的凡夫俗子来说,难道永远与讲台无缘吗?非也!我自己的例子就是个证明。

在我大学刚毕业时,我从来都没有想过我以后的职业会与讲台结缘。因为那时的我是一个自卑、内向的人,每次当众讲话我都会紧张得不知所措。毕业时找工作，我去面试了几十家公司，结果无一被录取。我依然记得，在一次面试过程中，面试官直接指出我语言表达不清、思维结构混乱的问题。虽然每天早出晚归地寻找工作，但仍然是一无所获。对于这样的结果，我并没有感到十分难过，因为我早已习惯了丑小鸭般的生活。我的脑海中时常浮现那位面试官对我说的话！正是他开启了我对"演说结构"的研究和实践。

结构是有能量的！就像石墨和钻石，同样是碳原子构成，但由于组合的结构不同，却形成了截然不同的物质。在多年企业培训工作生涯中，通过对演说实例的研究，我发现了演说结构的无穷魅力——演说结构不同，其发挥出的能量也不相同，结构是演说能量的载体！当你无法"兜售"出你的想法的时候，可能是你的演说结构出了问题。如果你还不能明白我说的这点，你可以看看下面这个有趣的故事。

小和尚问方丈："师父，我可以在念佛的时候抽烟吗？"方丈非常生气，并大声训斥道："不行，念佛怎么能抽烟呢！"又有个小和尚问方丈："师父，我可以在抽烟的时候念佛吗？"方丈满脸欣慰地说道："当然，佛经是无论什么时候都可以念的！"

虽然这只是一个有趣的小故事，但是它简明地诠释了演说结构的力量。在这个故事中，两个小和尚表达的目的相同，只不过表达结构不同，但结果却是天差地别。在平常的演说与沟通中，有没有一种行之有效的"结构"，可以让我们这些没有天赋的凡夫俗子迅速提升自己的演说能力？我相信这本书里的方法和工具一定可以帮助到你。

因为我自己就是靠这套方法,开启了丑小鸭的"开挂"之路。我先把它运用于比赛路演,结果我获得了联想集团举办的 IDEA 创意营销大赛冠军,获得了王老吉全国校园营销大赛二等奖,还获得了全国"青年之声,青春创客"创业大赛贵州赛区一等奖。我把它运用于讲课,结果喜欢听我讲课的人越来越多。我曾在给欧菲光集团股份有限公司做领导力培训时,原本只打算开办 1 期,但报名人数远远超出我们的预期,于是培训会持续开办了 5 期。我把它运用于提案,结果方案通过率也大大提高。我曾作为咨询顾问给上海沃施园艺股份有限公司提战略报告,结果方案获得了管理层一致认同,战略得以顺利实施,现在这家公司已成长为一家上市公司。我把它运用于写作,结果我的文章受到了多家杂志的青睐,《企业管理》杂志、《培训》杂志、《销售与市场》杂志累计刊发了我 30 余篇文章。甚至,我还用它和我现在 6 岁的儿子沟通,成功地帮他纠正了一些不好的生活习惯。

除了我自己的经历,我身边的一些朋友也因此受益。有医生朋友把这套方法用于中医讲座,现在他已经成为一名备受患者喜爱的中医讲师了。有创业的朋友用这套方法修改他的融资路演方案,结果获得了一笔丰厚的投资资金。还有其他行业的朋友,用这套方法改善跟上司的沟通,结果被提拔任用,等等。说到这里,你是否有了一点儿心动的感觉呢,是否想要了解一下这套方法?

其实,这套方法很简单,每个人都可以轻而易举地掌握它。简单来说,这套方法就是根据受众心理学的原理来设计演说和沟通的结构,从而将你的想法成功地植入观众的内心当中。从演说的开头到结尾，我分别用了四个形象的物件来表示这种结构——导火索、指南针、百宝箱和信号灯。乍听上去，你会不会感觉这些"形象物"貌似都是航海中的一些物件，那这跟演说与沟通结构有什么关系呢？

如果你认为演说就是简单的知识灌输，这样的想法是错误的，这样的方式也是拙劣的。没有人能够轻而易举地把自己的想法强行植入别人的脑袋里，除非你的观众是机器，你只需输入程序命令就可以了。无论演说、讲课或沟通，本质都是带领听众进行一次"探索旅行"！你要把演说的过程当成是带领听众进行一次精彩的旅行，并巧妙地设计你的航行路线——演说结构。在本书的正文中，我会给大家详细地介绍每个"形象物"的运用技巧和方法。

市面上关于演说的书籍汗牛充栋，但大都是关于声音练习、肢体语言、表达技巧等，本书从"结构学"的角度为读者打开了一个新的视野。《礼记》有言："有深爱者必有和气，有和气者必有愉色，有愉色者必有婉容。"其实我们的外在表现，都是我们内心状态的投影。当你在"演说结构"上下功夫，并且对你要说的内容胸有成竹，这种由内而外散发出来的从容与自信，投射到你的声音，就是完美的声音，投射到你的肢体，就是得体的肢体动作。每个个体都是独一无二的，每个人都可以形成自己的演说风格，你只需要做你自己就好了。

很多人很想做好公开场合的对话和演讲，但是纠结于自己的文化程度和语言水平不足，总觉得这方面的欠缺是很大的事情，会严重阻碍自己语言表达能力的提升。其实文化水平不高,并不代表没有经历,你的经历其实就是你的谈资。你缺的不是内容,缺的只是用合适的"演说结构"把零散的经历清晰地组织起来。当你脑子里掌握了能够启发说话思路的"演说结构",那么,即便对于一些原本并没有深入研究的话题,你也能做到有话可说。

写本书的目的,并不是要帮助有天赋的人成为著名的演说家或主持人,而是要帮助更多像我这样的凡夫俗子,使你摆脱当众演说和沟通的困境,从而给你的事业、工作或生活带来些许变化。如果你是企业家,你想让你的会议致辞具有影响力;如果你是管理者,你想让你的创新方案得以实施;如果你是创业者,你想让你的路演项目脱颖而出;如果你是培训师,你想让你的课程广受好评;如果你是大学生,你想让你的竞选演说引人注目……那么,我建议你花点儿时间仔细阅读一下本书的内容,相信你一定会有所收获!因为像我这样卑微的身躯,一头扎进泥土里,依然能够开出生机盎然的花朵,我相信你也一定可以做到。

好了,让我们一起来开启"探索之旅"吧!

Contents
目录

01 第一章
扬帆起航——前期精心准备

你的演说不成功,可能是"结构"出了问题　/ 002

掌握这个演说结构,让你告别无话可说　/ 013

听众听不懂你说的话,是因为你不会"搭桥"　/ 019

自信状态源自心灵之眼的原力觉醒　/ 027

守正出奇:打造你的完美形象　/ 036

视觉化表达,让幻灯片沟通卓有成效　/ 042

02 第二章
引爆动机——开头引人入胜

导火索:制造知识缺口,引爆听众动机　/ 052

六种引人入胜的演说开场方法　/ 059

共情表达:一开口就让听众喜欢你　/ 066

不要生硬推销,而要巧妙营销　/ 071

仪式与联结:建立听众情感联系的纽带　/ 078

03 | 第三章
设定路线——简要纲举目张

指南针:设定演说路线,强化听众的兴趣 / 085

凡事讲三点,让你说话有水平 / 091

幽默法则:不要生硬地宣读规则 / 096

串联符与强调符:让你的演说具有节律感 / 101

04 | 第四章
发现价值——中间丰富饱满

百宝箱:展示价值,增强听众获得感 / 108

提炼关键词,让演说具有层次 / 116

金句法则:思想传播的正确方式 / 121

普通人讲道理,高手都在说故事 / 125

巧用类比,让艰涩概念通俗易懂 / 132

增强演讲说服力的七种方法 / 137

EDPF循环:实操性方法教导四部曲 / 143

05 第五章
点亮未来——结尾号召行动

信号灯：点亮一盏灯，制造峰终体验 / 148

七种常见的精彩演说结尾方式 / 154

认知升维：抬高天空，提升境界 / 159

换座法：重新定义观众的身份与角色 / 164

不要画句号：结束不是终点，而是起点 / 168

06 第六章
巧避风浪——应对突发状况

演说中途突然忘词了，该怎么办 / 173

只要一上台就紧张，该怎么办 / 176

设备出现故障，该怎么办 / 179

向听众提问时，如何避免冷场 / 181

听众提出你无法解答的问题，该怎么办 / 185

演讲时踩空摔倒，如何避免尴尬 / 188

遇到破坏演说氛围的人，该怎么办 / 190

不小心说错话，该怎么办 / 193

临场被告知时间缩短，如何灵活应对 / 196

第 一 章

01

扬帆起航

——前期精心准备

没有人能轻而易举地把自己的想法强行植入别人的脑袋，除非你的听众是机器，你只需输入程序命令就可以了。你要把你的演说当作带领听众进行一次精彩的"探索旅行"，并巧妙地设计你的"航行路线"。为了让你的听众获得与众不同的体验，你需要在演说前做好精心的准备！

你的演说不成功，
可能是"结构"出了问题

在我的讲师训练营中，有一位学员叫安妮，她是一名医生。受医院的委派，安妮需要定期到幼儿园给孩子的家长们讲中医育儿知识。然而，讲课的效果却不尽如人意，因为在她讲了几次课后，继续坚持听课的家长越来越少，而且听众的满意度评分也较低。于是在讲师训练营的讨论环节，安妮举起了手，让我帮忙分析一下她的问题，并帮助她改善。

她最近一次讲的是关于"小儿积食咳嗽"的话题，我让她在训练营的现场再次演示了一遍：

[开头] 各位家长好，我们又见面了。今天我要给大家讲的课题是"小儿积食咳嗽"，今天的内容分为三个部分：为什么积食会导致咳嗽、怎么判断积食咳嗽以及我们该如何正确处理。

[中间]那么接下来,让我们首先来了解第一部分的知识,为什么积食会导致咳嗽……我们接下来学习第二部分的知识,怎么判断积食咳嗽……最后,我们来学习一下小儿积食咳嗽的处理方法……

[结尾]以上就是今天的课程内容,让我们再复盘一下今天的知识点……

你发现她的问题了吗?看到这样的讲课结构,你是否感觉有点儿熟悉?那个曾经让你昏昏欲睡的"灌输式"课堂又回来了,这种灌输式的讲课结构显然不能俘获听众的芳心!我们往往想当然地认为自己的东西很好,迫切地想把它灌输给听众,而忽略了听众的感受。心理学上称之为"焦点效应",意思就是我们总会不自觉地把自己的问题放大,事实上别人可能并没有那么在乎你,更不在乎你所说的内容。你需要告别"灌输式"的演说,把演说当成是带领听众进行一次精彩的"探索旅行",并巧妙地设计你的"航行路线"(见图1-1)!

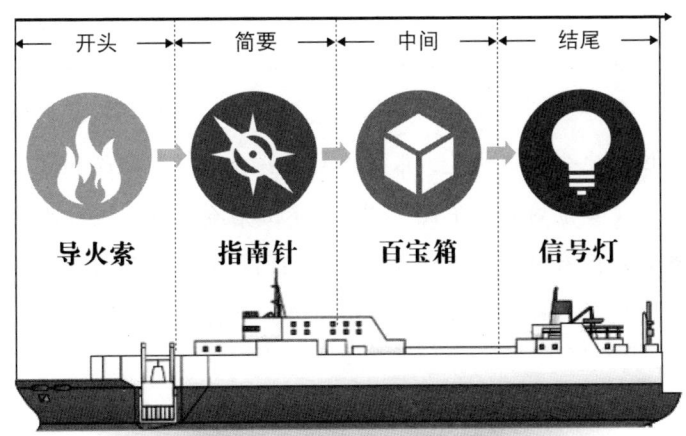

图1-1 演说结构设计方法

开头：点燃"导火索"

你可能以为坐在台下的听众，都在认真地听你要说的内容，但事实并非如此。虽然他们的身体坐在教室里，但有的人可能在想着孩子的作业，有的人可能在想着孩子的晚餐，等等。总之，在你告诉听众为什么要听你的课，并且成功地抓取了他们的注意力之前，他们关心的只有他们自己。因此，在开始讲授你的知识之前，你需要点燃一根"导火索"——给你的听众一个听课的理由，引爆他们对你接下来所要说的内容的渴望。

在没有解决"导火索"的问题之前，请不要急着进行下一步。家长关心的不是"积食咳嗽"或是"感冒咳嗽"，家长关心的只是孩子的健康，就像营销学里的经典问题：消费者需要的是洞，而不是打洞的钻头！我们的思维导向要从"我想讲什么"转变到"听众想听什么"。

于是，在我的建议下，安妮医生将她的课程开头部分修改如下：

各位家长，今天你能够坐在这儿听我分享，说明你很关心孩子的健康。每当孩子咳嗽时，你都会忐忑不安，想要学些正确的处理方法。但我要告诉你的是，很多人对于孩子咳嗽的认识和做法可能是错的！《黄帝内经》中说："五脏六腑皆令人咳。"意思是说引起咳嗽的原因有很多，五脏六腑出现的问题都有可能引起咳嗽。我们一定要找到引起孩子咳嗽的真正病因，才能对症下药。

[要点提示]

在讲授你的知识之前，你需要点燃"导火索"——给你的听众一个听课的理由，引爆他们对你接下来所要说的内容的渴望。

上面的开头方式并没有向听众直接灌输知识，而是首先告诉听众听你课程的理由。在课程开始时点了一根"导火索"，激发听众的兴趣。但我觉得这根"导火索"仍然欠缺火候。因为人们喜欢"故事"，而不喜欢"道理"。能否找到一个故事穿插到"导火索"中，让"导火索"变得生动有趣？我进一步和安妮医生探讨，发现她曾经遇到的一个病例很适合放置在"导火索"中，于是安妮医生把课程的开头部分又做了修改。

各位家长，今天你能够坐在这儿听我分享，说明你很关心孩子的健康。每当孩子咳嗽时，你都会忐忑不安，想要学些正确的处理方法。但我要告诉你的是，很多人对于孩子咳嗽的认识和做法可能是错的！有一次我的一位好朋友给我打电话，说她的孩子反反复复咳嗽已经两个多月了还没好，吃过咳嗽药、打过点滴，不但没有效果，而且咳嗽还加重了！经过一番询问和查看舌苔照片，我发现她的孩子是积食了，于是我建议她去药店买点儿健胃消食片，而且叮嘱她平时不要让孩子吃得过饱。结果没过几天，孩子的咳嗽就逐渐好转了。《黄帝内经》中说："五脏六腑皆令人咳。"意思是说引起咳嗽的原因有很多，五脏六腑出现问题都有可能引起咳嗽。我们一定要找到引起孩子咳嗽的真正病因，才能对症下药。

如何找到你的"导火索"?图1-2中"听众关注的"和"你所擅长的"这两个环相交的阴影部分就是你的"导火索"。它是听众关注而又不熟知,同时又是你擅长讲授的内容。比如,在新冠肺炎疫情期间,大家都很关注疫情防护知识,但是,关于"如何戴口罩""如何用酒精消毒"这些都已经被大众所熟知了。你需要讲点儿新的干货,才能吸引听众的兴趣,比如你可以讲讲"如何提升自身免疫力"等(见图1-2)。

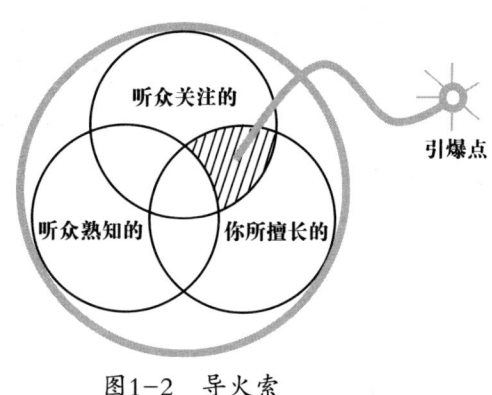

图1-2 导火索

简要:设置"指南针"

在你的"导火索"成功地吸引了听众的注意力之后,接下来你需要告诉听众你将花多少时间,阐述哪些问题以及过程中如何与他们互动。这个简要部分的内容我把它称为"指南针"。为什么是"指南针"?顾名思义,它能让你的听众掌控方向和节奏,从而变得从容安定。设想一下,如果听众置身于一个陌生会场,他们不知道接下来他们将花费多少时间、收获哪些内容、演进过程中有哪些规则,等等,他们的内心将会感到茫然和焦躁不安,这与茫茫大海上找不到方向的人们没有多大区别。

回到安妮医生的讲座,她可以这样设置她的"指南针":

接下来,我将用30分钟的时间,给大家讲解一下为什么积食会导致咳嗽、怎么判断积食咳嗽以及我们该如何正确处理。在我讲完后,如果有什么疑问,我们可以进行交流……

"指南针"由三个要素构成:时间、内容和规则(见图1-3)。包括你需要用多长时间、讲哪些内容要点以及过程中的规则。有人会忽视"指南针"的作用,认为直接进入主要内容的讲解就行了,有没有"指南针"无所谓,其实这是大错特错的!你是否曾经遇到过被别人打断讲话的烦恼?我想这是很有可能发生的,那么这或许就是由于你没有掌握好"指南针"的使用技巧。我曾经需要向一位CEO汇报我的市场调研建议,但是他的工作很忙,如果不能快速吸引他的兴趣,我的讲话很可能被他打断,于是我给这次汇报设置了这样的"指南针":

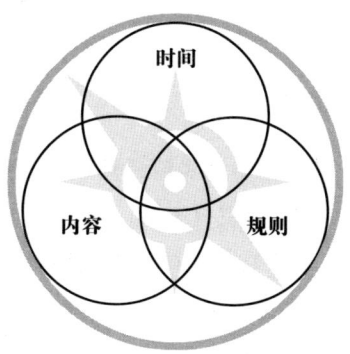

图1-3 指南针

××总，关于如何改善我们的产品体验，经过这次市场调研后，我有了一些重要的发现。我想用10分钟的时间向你汇报一下这次调研发现的问题、原因以及改善对策，如果您有任何疑问，之后我们可以随时沟通……

这位CEO耐心地听完了我的汇报，并采纳了我的建议。"指南针"向听众交代时间、要点和规则，既是表达了对听众的尊重，同时也给了对方一个预期，即他们将花费多少时间成本，获取哪些信息收益，这将起到提纲挈领的作用。"指南针"还提出了你对规则的要求，例如"在汇报完之后进行互动"，这样可以避免听众随意打断你的讲话，进而影响到你的演说和沟通效果。

【要点提示】

　　如果听众不知道他们将花费多少时间、收获哪些内容、演讲过程中有哪些规则等，他们将会变得茫然和焦躁不安，这与茫茫大海上找不到方向的人们没有多大区别。

中间：打开"百宝箱"

到演说的中间部分，如何避免枯燥乏味而不让听众失去耐心？你要将你主体部分的内容打造成"百宝箱"。何为"百宝箱"？顾名思义，就是主体内容要充实、要丰富、要有干货，让观众有"新发现"和"新收获"的感觉。比如每个人对于"酒"都不陌生，但有个朋友却这样讲"酒"，令人顿感趣味横生：

喝了大半辈子的酒，我才发现喝酒有四种境界。

第一种境界是"微醺",花看半开,酒饮微醺。微醺是似醉未醉,这时候思维开始发散,最接近于诗的状态,这时候最适合创作。

第二种境界是"酣畅",酣畅之时,酒精带来的热气充满全身,人体血流活络,精神和思维都达到高潮,思维也开阔了数倍,是喝酒中最恰当的一种。此时你会达到一种哲学境界,能够说出很多平时说不出的深刻的话,似乎已看透人生,妙语金句频出。

第三种境界是"酩酊",酩酊的状态是物我两忘、如入云端、神游天外,到底是酒灌醉了我,还是我本就是一粒洒脱的酒分子,搞不清楚,只感到灵魂突然被释放。

第四种境界是"断片",断片就是醉得不省人事,睡了一觉醒来,结果啥也不记得了!(说到这时,引得听众哈哈大笑……)

"百宝箱"必须让你的观众有获得感!要么收获了新的思想和理念,比如听完雷军的演讲,大家都记住了"台风来了,猪都会飞";要么收获了新的素材和故事,比如听完俞敏洪的演讲,大家都记住了新东方的故事;要么收获了新的方法和工具,比如听完了某个中医讲座,大家学会了一些穴位按摩的方法。在我的建议下,安妮医生重新调整了课程内容。她言简意赅地提出了"要想小儿安,三分饥与寒"的思想,并用例子予以说明,她还现场教会了一些观众,缓解小儿积食问题的穴位按摩方法。

把你演说的中间部分打造成"百宝箱",就是要让你的内容有趣、有用和有效。首先,你需要避免陈词滥调,并且言简意赅地抛出你的思想。一个思想之所以得以传播,并不是因为它是对的,而是因为它有趣。尽量用鲜活、生动、有趣的语言来描述你的思想,这样你的思想才能插上腾飞的"翅膀"。其次,你要用鲜活的素材来诠释你的思想,这些素材可以是故事、案例、数据、试验、道具,等等,鲜活的素材可以激活理论,让理论被听众所接受。最后,你要给听众提供新的方法和工具,告诉听众应该怎么做,指引他们改变现状(见图1-4)。

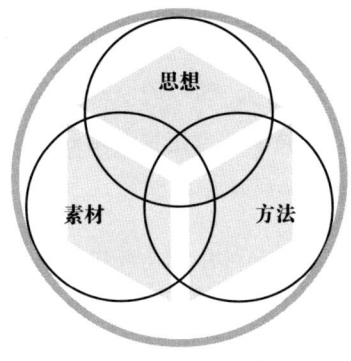

图1-4　百宝箱

胡适在一次座谈会上说:"男人也要有三从四德。"顿时语惊四座,在场的听众都在洗耳恭听。胡适接着解释说:"三从,就是太太出门要跟从,太太的话要服从,太太说错要盲从。而四德呢,就是太太化妆要等得,太太发怒要忍得,太太生日要记得,太太花钱要舍得。"说罢,听众都笑了起来。

[要点提示]

你需要让你的听众有获得感,要么收获新思想,要么收获新故事,要么收获新方法,总之,你要让他回去后,有自动自发传播的内容。

结尾：亮起"信号灯"

俗话说："编筐编篓，重在收口；描龙画凤，重在点睛。"很多人在讲课或演说的结尾喜欢以"互动问答"收场。但我要说的是，这可能会成为你讲课或演说的败笔。我曾经去参加某位专家的讲座，从讲座的开头到中间，我都觉得讲得不错，但是在接近尾声的时候，专家却选择了以"互动问答"来结束讲座，结果尴尬的一幕出现了。

专家：大家有问题想要讨论吗？等了几秒钟，环顾四周，现场无一人举手。专家继续问第二遍：大家有什么问题都可以讨论，有要提问的吗？依然没有人举手。

于是，专家说道：大家如果没有问题，那今天的讲座就到此结束吧。

最后，这位专家拎着文件包，尴尬地离开了会场……

拿破仑说："最后5分钟决定兵家成败。"一场好的演说开头要引人入胜，结尾要余音绕梁。听众会记住最后一刻美好的感觉。所以无论如何，请不要用"互动问答"作为你的结尾。这并不是说讲座过程中不要设置问答环节，问答环节可以较好地增强你与听众的互动和信任，但是问答环节之后，你还要精心准备一个精妙绝伦的结尾。结尾的时候，你要给听众点亮一盏"信号灯"。为何是"信号灯"？首先"灯"可以照亮黑暗，温暖他人，而"信号灯"还可以召唤行动。试想一下，当你的船只满载而归，看见岸边的灯塔就在前方照亮，你将欢呼雀跃并加快航行。是的！你结尾亮起的"信号灯"就要给听众营造这种甜蜜的感觉。例如马丁·路德·金的著名演讲的结尾：

我有一个梦想，梦想有一天，在佐治亚的红山上，昔日奴隶的儿子能够和昔日奴隶主的儿子，兄弟般地平起平坐，共叙兄弟情谊……让自由之声从新罕布什尔州的巍峨峰巅响起来！让自由之声从纽约州的崇山峻岭响起来！让自由之声从宾夕法尼亚州阿勒格尼山的顶峰响起来！

结尾亮起"信号灯"主要有三个目的：①点亮黑暗。给你的听众提供你的解决方案，让他们看到希望。②号召行动。号召你的听众从此刻开始，朝着目标行动和前进。③转化听众。把你的听众变成你的忠实粉丝，忠实粉丝是你的思想传播最强大的推动力。达到这三个目的，就是一个不错的结尾。在每一次训练营结束时，我会向学员强调：训练营的结束并不是终点，而是起点，后面我们还需要继续练习和反复修正，才能真正地从平凡迈向卓越（见图1-5）。

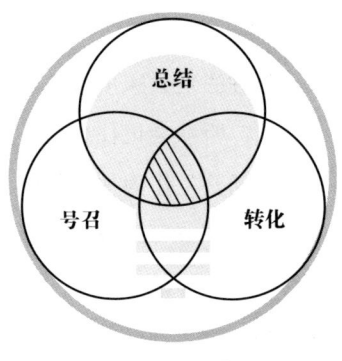

图1-5　信号灯

[要点提示]

　　接近尾声，你需要给听众点亮一盏信号灯，照亮黑暗，号召行动。让满载而归的听众看见前方大陆岸边的灯塔，让听众沉浸在这种甜蜜当中。

掌握这个演说结构，
让你告别无话可说

很多人很想做好公开场合的对话和演讲，但是一直纠结于自己的文化程度和语言水平的不足而无法获得提升。其实文化不高，并不代表没有经历，你的经历其实就是你的谈资。你缺的不是内容，缺的只是用合适的"演说结构"把零散的经历完整地组织起来。高手和普通人之间，区别就在于"演说结构"。就像前面那个故事里的两个小和尚，其中一个说："我可以在念佛的时候抽烟吗？"结果被方丈训斥；而另一个说："我可以在抽烟的时候念佛吗？"却得到了许可。会说话的人，先说对方想要听的，再说对方听得进的，然后说自己该说的，最后说自己想说的。

我把这种有效演说与沟通的结构总结为"导火索—指南针—百宝箱—信号灯"，开头引爆"导火索"，先说听众想要听的，引起听众兴趣；

接着设置"指南针",安抚听众焦躁情绪,告诉听众你将花多长时间、讲哪些内容、有什么规则等;然后打开"百宝箱",带给听众新发现和新惊喜,讲述你的内容、素材和方法;最后点亮"信号灯",照亮黑暗,召唤行动,带给听众甜蜜的感觉。以我竞聘某公司商学院院长职位为例:

[导火索] 在座的每一位都是公司的创始人员,为公司今天取得的成就作出了巨大的贡献。公司就像每个人亲手带大的"孩子",大家都十分关心它的长远发展。但是,我们现在正面临一个巨大的挑战,那就是公司的人才梯队已经处于"青黄不接"的局面。根据战略目标,我们未来一年要开拓30个新市场。但是,按照我们现在的人才培养模式,我们最多只能培养出10名合格的区域经理,如果我们现在不及时采取行动,那么我们定下的战略目标恐怕就会落空了。

[指南针] 接下来,我将用15分钟的时间,介绍一下公司人员培养的现状、问题以及改善对策。大家有任何疑问,可以在我介绍完后进行交流。

[百宝箱] ……我将从五个方面来提高人才培养的效率:建体系、夯基础、出精品、重训练和强实战。第一,建体系……第二,夯基础……第三,出精品……第四,重训练……第五,强实战……

[信号灯] 我相信,如果这些举措得以实施,我们的人才培养效率将得到大大提高。我们将建立起完善的人才培养体系,源源不断地培养出满足战略所需的合格人员,让我们的战略目标得以实现,让我们在未来实现腾飞!

【 要点提示 】

　　说话的结构不同，结果也不同。会说话的人，先说对方想要听的，再说对方听得进的，然后说自己应该说的，最后说自己想说的。

这次演说非常顺利，我成功竞聘上了院长职位。事后做总结时，我认为这次竞聘演说的成功与我对听众需求的了解密不可分。《孙子兵法》说："知己知彼，百战不殆。"要做到"先说对方想听的"，你就必须在演说与沟通之前，尽可能地去了解听众的需求。否则，你的演说与沟通就会隔靴搔痒，触及不到听众的"痛点"，也就给不了"甜点"。在演说或沟通之前，你要去了解你的听众是谁，他们关注什么，这次沟通你要达成什么具体的目标与结果。为了达到你的目的，你需要让他们了解什么。只有清楚地知道这些，你的演说或沟通的效果才会更好。以我的竞聘演说为例：

你的听众是谁

　　公司创始人员

他/他们关心什么

　　关心公司是否能够健康、永续地发展

你希望达成什么目的与结果

　　演说结束后，评委同意我担任商学院院长职务

为了达到这个目的，你需要让听众知道些什么

　　1. 公司人才梯队的现状难以满足战略发展的要求

　　2. 原因在于现在的人才培养模式存在问题

3. 我的改善对策

4. 我过去的经验和优势

在演说与沟通之前，你要想想最终要达成什么样的结果。这个结果必须是清晰的，比如"沟通结束之后，李总同意了我的方案""公开课结束后，听众踊跃地报名参加训练营"等。要达成这个结果，你需要让听众知道些什么？如果你的目标是要将听众从 A 点移到 B 点，你需要告诉他们什么，他们才会乐于行动？这就是你的演说与沟通要点！

我儿子 5 岁的时候，非常痴迷于看电视，妻子和我都十分担心他的视力受到影响，希望他能减少看电视的时间，多做做运动。对待孩子，我们常常会采取简单粗暴的沟通方式，比如"别看那么久电视""把电视关掉""给我到外面玩去"，等等，但是这种简单粗暴的沟通方式只能奏效一时，而且会让孩子产生逆反的心理。因此，我觉得很有必要和儿子进行一次深度沟通，于是我梳理了以下沟通要点：

你的听众是谁
5 岁的儿子
他／他们关心什么
他喜欢看奥特曼、蜘蛛侠等英雄主义题材的动画片
你希望达成什么目的与结果
沟通完后，儿子能够减少看电视的时间，多做户外运动
为了达到这个目的，你需要让听众知道些什么
1. 奥特曼、蜘蛛侠之所以这么受欢迎，是因为他们都有特殊的技能，并且乐于助人

2. 如果你想像他们那样,你现在也要去多学点儿技能

3. 如果你从现在开始行动,很快你就会看到效果

得出这些沟通要点后,我开始按照"导火索—指南针—百宝箱—信号灯"的结构来准备我的沟通大纲了:

[导火索] 儿子,你这么喜欢看电视,并且喜欢看奥特曼、蜘蛛侠等,是因为你觉得他们很厉害,可以打怪兽、打坏人,对吗?(儿子兴奋地点点头。)可是你知道他们为什么会这么厉害吗?(儿子一脸疑惑。)因为他们在小时候就开始练各种技能了。如果你也想像他们一样受身边小伙伴的欢迎,那你现在也要开始掌握一些技能了。(儿子说:"那学什么呢?")

[指南针] 接下来,爸爸给你介绍几个有趣的运动项目,你可以花几分钟时间想一下你要选择哪个,我们也可以一起讨论。

[百宝箱] 首先,我们来看看自行车这项运动吧,自行车特别有趣……跆拳道也是很不错的……游泳可以让你感觉自己像鱼儿一样……

[信号灯] 儿子,你的选择真的是棒极了!那我们明天一起去找一家游泳馆学游泳吧……

让我感到欣慰的是,现在我的儿子6岁了,他已经掌握了轮滑、游泳、自行车、跳绳等多个运动项目,而且在学校组织的自行车比赛中,还获得了第一名的好成绩。

[要点提示]

　　如果你的目标要将听众从A点移到B点，你需要思考的是，你要告诉他们什么，他们才会乐于行动。这就是你的演说与沟通要点。

听众听不懂你说的话，是因为你不会"搭桥"

上高中时，我的物理老师给同学们讲"桌子会对放在桌上的书施加力"这个知识点时，同学们都满脸疑惑、难以相信，因为这有点儿违背直觉。为了帮助我们理解，老师将桌子替换成了弹簧，因为同学们都相信被压缩的弹簧能对书本施加力。老师继续把弹簧替换成泡沫软物，此时，同学们也能直观感受到泡沫软物对书本的作用力。直到最后换回桌子时，大家已经完全理解了这个知识点……

在介绍新知识时，我的物理老师并没有生硬地灌输，而是用弹簧、泡沫软物等在学生的"已知"和"新知"之间搭了一座"桥"，让学生们更容易地接受新知识。听众的已有知识会影响他们接受新知识或新思想，聪明的讲师会考虑听众的已有知识，并为此而做好充分的素材准备。这些素材就像在听众的"已知"和"新知"之间搭起桥梁，帮助听众更好地接受新知识。

[要点提示]

听众的已有知识会影响他们接受新知识，巧妙地运用素材将你要讲的新知识与听众已有的知识联系起来，可以帮助听众更好地理解新知识。

巧妙地运用素材将你要讲的新知识与听众已有的知识联系起来，从而帮助他们更好地理解新知识，在教育心理学上称为"搭桥法"（见图1-6）。

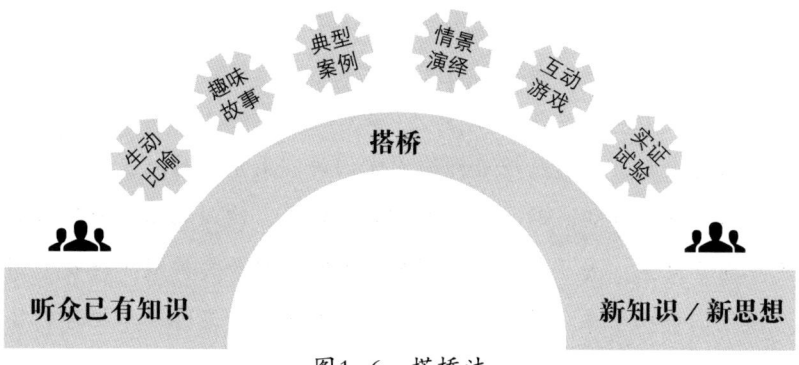

图1-6　搭桥法

所谓"搭桥"，就是利用听众熟知的事情，来让他了解他所不知道的事。当你要向地处热带的人介绍寒带的东西时，就必须举一些与其热带生活有密切联系的例子。在销售演说中，搭桥法能够有效地帮助你把产品推销出去。为了让顾客对商品的特性更明了，销售人员通常会利用其他众所周知的物品的性能进行"搭桥"。例如当你销售某种衣服时，你可以这样说："这种衣服洗起来特别方便，油污什么的一洗就掉，就好像清洗玻璃上的灰尘一样方便，它还有防水的功能，下雨的时候一般不会湿透，有种像雨衣的特点。"这样一来，顾客便会对你的产品有了一个大致的了解，比你只是直白地说"我们这件衣服防水、容易洗"等更能让顾客清楚明了。

搭桥法的核心在于找到与听众建立联系的"桥"——素材，并且巧妙地使用这些素材。我给景德镇中小企业讲"组织设计"这门课程时，就引用了"F1赛车维修站"的例子来"搭桥"，让在场的企业家学员充分理解了组织流程设计的重要性，以下是我讲课的部分摘录：

[导火索]在座的各位都是久经沙场的"战斗英雄"。过去，你们各自带领自己的团队闯出了一番事业，大家都希望这份事业能够永续经营。因此，我们不得不关注"组织能力"的问题，因为它是一个企业基业长青的基石。然而，大家是否思考过，到底什么是"组织能力"？

[指南针]接下来，我们用10分钟的时间来看一个例子。通过这个例子，你就能明白到底什么是"组织能力"了。

[百宝箱]有辆汽车飞驰过来、急促停下，四个轮胎已经不能再用，需要立即卸下来，换上四个新轮胎，而且汽油已经耗尽，需要马上加满油。完成这些工作，总共只有6秒钟的时间。6秒钟之后，这辆汽车又要飞速启程。现实当中，可能完成任务吗？（大部分人摇摇头。）

现实是可以做到的！那就是"F1赛车维修站"。当赛车进站时，工作人员手持千斤顶，几乎在车停下的同时将车身撬起，0.3秒卸下4个车轮的螺丝、2.2秒内取下旧轮胎、3.5秒换上新轮并拧紧螺丝，换胎的同时，1.5 秒内加油，总时间 6 秒。（大家感到非常惊讶。）

那么，F1 赛车维修站是怎么做到的呢？

22 名维修站工作人员各有分工，且工作环环相扣：1 位负责加油管、1 位负责灭火器、1 位负责加油枪、1 位负责加油机、1 位负责前千斤顶、1 位负责后千斤顶、1 位负责当赛车前鼻翼受损时必须更换的千斤顶，1 位负责检查发动机门的回复机构的高压气瓶、1 位负责调整定风翼、1 位负责举牌和用无线电与车手联系，还有 12 位负责换轮胎，每轮 3 位——1 位负责拆、上螺丝，1 位负责拆下旧轮，1 位负责装新轮胎。

[信号灯] 试想一下，假如没有组织设计，22 个人聚在一起手忙脚乱，那将是何等的混乱和失效呀？F1 赛车维修站通过组织设计构建了一种无与伦比的组织能力！

你的"搭桥"素材可以是生动比喻、趣味故事、典型案例、情景演绎、互动游戏、实证试验，等等。总之，只要它能够有效地帮助观众理解你的新知识或新思想，它就是你搭桥的"好材料"。

生动比喻

大家或许都有这样一个体会，当我们与别人谈论某些事，直接叙述不太容易让对方听明白时，通常会用比喻的修辞方法，以使对方获得一个比较形象而直观的概念。乔布斯介绍 iPod 的 8G 容量时，并没有吃力地去解释 8G 到底是什么，8G 容量有多大，等等，他只说了一句很普通但却让人一目了然的话：你可以把 1000 首歌装进口袋里。

趣味故事

人们不喜欢大道理,而钟情于故事。优秀的演说者都是说故事的高手,三言两语就可以触摸到听众内心最柔软的沙滩。比如,战国时期赵国将要攻打燕国,苏代为燕国对赵惠王说:"我在来的路上,看见一只河蚌正从水里出来晒太阳,一只鹬飞来啄它的肉,河蚌马上闭拢,夹住了鹬的嘴。两个互相不肯放弃,结果一个渔翁把它们俩一起捉走了。燕赵如果长期相持不下,强大的秦国就要成为那不劳而获的渔翁了。"赵国于是停止出兵攻打燕国。

典型案例

通过举例子来诠释新知识和新思想,这个方法使用较为普遍。比如,在给企业讲"坏的制度会让好人作恶,好的制度能让坏人从良"这个思想时,我经常举这个例子:

18世纪,英国政府为了开发新占领的属地——澳大利亚,决定将囚犯运往澳洲搞开发。运输工作由私人船主承包,船主为了牟取暴利,克扣犯人食物,导致囚犯死亡率极高。英国政府想了很多监管办法,比如制定犯人最低食物标准、派官员上船监督,等等,但毫不见效。最后,英国政府巧妙地实施了一种新制度——不再按上船时运送的囚犯人数支付船主费用,而是按下船时实际到达澳大利亚的囚犯人数付费,结果囚犯死亡率迅速下降到1%。

情景演绎

为了让你的内容生动有趣,让听众印象深刻,你可以在你的演说或讲课过程中进行情景模拟。情景演绎可以你一个人进行，也可以让听众来配合你进行，你可以根据你的需要进行设计。比如，在讲"非暴力沟通"这门课程时，我讲了一个我和我妻子的案例，我惟妙惟肖地模仿妻子对我暴力沟通的语气、神态和肢体动作，结果逗得听众哈哈大笑，现场没有一个人开小差。

你也可以让你的听众参与其中，比如安妮医生在她的中医课堂上讲到"外部的邪气过胜，而人体内部的卫气太弱，就会导致人生病"时，为了让听众有直观的认识，安妮医生选取了一男一女两位听众，让他们站到讲台上来，并手掌相对用力互推，由于女士的力气弱于男士，最后的结果是女士"溃不成军"。安妮医生进一步解释说，在这个情景模拟中，男士就相当于外部的"邪气"，女士就相当于内部的"卫气"，当"邪气"过胜、"卫气"太弱，身体就要出问题了。

互动游戏

游戏可以让演说告别乏味，能让听众在快乐中接受新思想。在给训练营学员讲"创新思维"时，我会带大家一起玩这样一个游戏：

[导火索] 各位同学，我们来玩一个游戏。在图1-7中有9个点，如何只用一笔画出4条可交叉的直线，把这9个点连接起来？

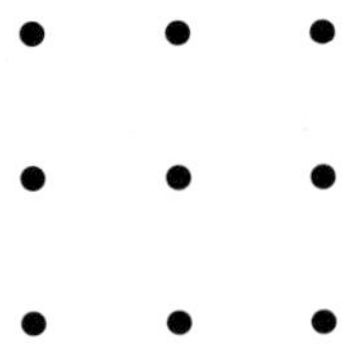

图1-7 九点连线游戏

[**指南针**]我给大家 5 分钟时间试着连连看,大家可以分小组讨论,看看你们小组能否找出解决问题的办法。

[**百宝箱**]你是否发现连来连去,要一笔把所有的点连起来至少需要 5 条直线呢(见图 1-8)?如果你在 10 分钟内还没有解决这个问题,那么你很有可能陷入了一种思维定式中。你的思维固定在了这九点之内,所以总在九点之内连线。其实,最终解决这个问题的方案必须突破这 9 个点的固定范围(见图 1-9)。

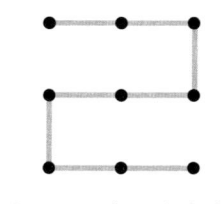

图1-8 错误的连线法

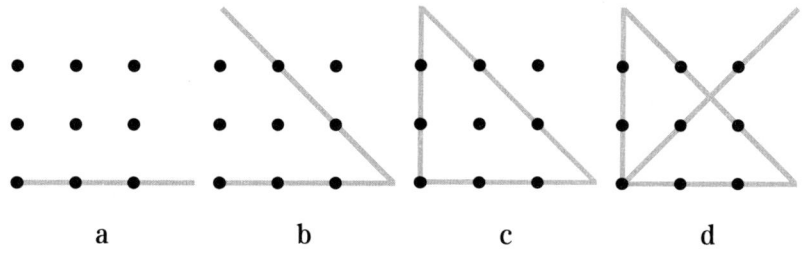

　　a　　　　b　　　　c　　　　d

图1-9 正确的连线法

[**信号灯**]不破不立,这个游戏告诉我们,问题无法解决可能是因为我们陷入了思维定式当中,要想解决问题,就需要打破这个思维定式,寻找新的方法。

实证试验

实证试验最直接、最有说服力地向观众展示你所推介的物品的价值，很多直播的主播会把质量好的产品和质量差的产品进行试验对比，并且配有详细的解说，以此来展示自己产品的价值。实证试验还能寓教于乐，比如抖音上有些家长教育孩子"脸皮不能太薄"时，会给孩子做"针扎气球"的试验：第一步，准备两个气球、一根针和一卷透明胶带；第二步，将两个气球吹起来；第三步，用针直接扎其中一个气球（气球瞬间爆掉了）；第四步，在另外一个气球的某个部位贴上透明胶带，用针扎贴了胶带的地方（气球没有爆掉）。

> 【 要点提示 】
>
> 搭桥的素材可以是生动比喻、趣味故事、典型案例、情景演绎、互动游戏、实证试验等，有了这些，你的演说将告别枯燥乏味。

自信状态源自
心灵之眼的原力觉醒

杯子里有半杯水,乐观的人认为"还有半杯水",而悲观的人认为"只剩半杯水"。不同的人看见同样的事物可能产生不同的信念,其中一种是正向的、积极的,而另一种是负向的、消极的。选择正向还是负向,积极还是消极,完全取决于你的"心灵之眼"(见图1-10)。

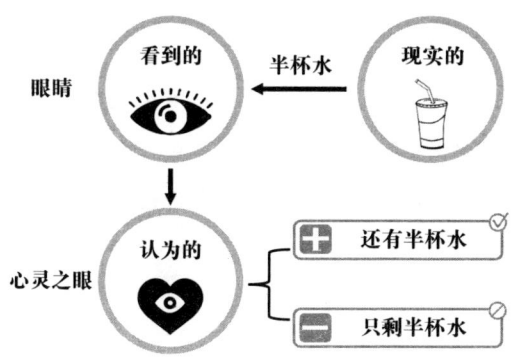

图1-10　心灵之眼的正向与负向

我经常听到学员说:"在练习的时候,我的状态特别好,可是等到真正上了讲台,看到台下黑压压的听众,我就紧张得手脚冒汗,脑袋里面一片空白了。请问,我该怎么办呢?"根据我这么多年的培训经验,一个人要想获得自信,必须改变他的"心灵之眼"深处的想法,首先需要找到"心灵之眼"中那些负向的、消极的认知,然后再进行认知修正。以我的学员方军为例:

方军是某公司的中层管理人员,因为他的执行能力较强,同事们给他取了一个绰号叫"坦克",但他有个缺点——害怕当众讲话。在讲师训练营中,方军告诉我,他之所以不喜欢当众说话,是因为他觉得自己普通话不标准,地方口音太重了,担心别人笑话他,而且在他上大学时就曾发生过被人笑话的事情。他多次尝试去改变自己的口音,但都失败了,因为他已经形成习惯了。他感到很困扰,不知道该如何解决这个问题。

方军认为说话带有口音会让别人笑话,他的"心灵之眼"看到的是负面、消极的认知。想要让他改变,就要转变他的信念。如何帮他转化这个念头?

首先,我找了一些知名人物的精彩演说视频给他观看,这些知名人物有个共同特点——说话都带有口音。我给他植入了第一个信念:精彩的演说主要取决于你是否有有价值的思想,与是否有口音并无多大关系。

其次,我继续向他植入了第二个信念:劣势可以转化为优势。有很多具有影响力的人,他们身上都带有普通人认为的"短板",

但是，他们的自信让观众忽略了这些"短板"，反而成了独特的个性，让听众更容易记住他们。口音问题在普通人眼里可能是缺点，但也能成为你的特点，能让听众更加容易记住你呢（见图1-11）。

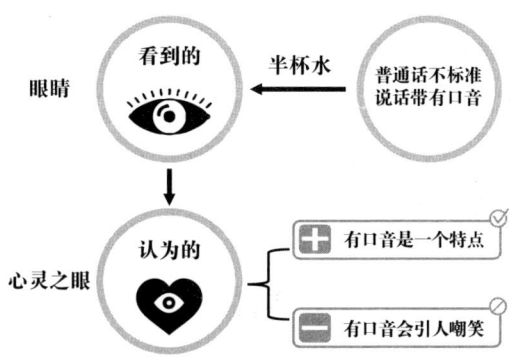

图1-11　方军"心灵之眼"转换

我帮助方军把过去负向的、消极的信念转换成了正向的、积极的信念。自此之后，方军开始大胆地迈向了讲台。后来，方军跟我说，他已经能够自信、从容地当众讲话了。《礼记》有言："有深爱者必有和气，有和气者必有愉色，有愉色者必有婉容。"我们的外在状态，都是我们的内心信念的投影！要想让你的外在状态显得自信从容，你就必须找到内心深处到底是什么认知导致了你缺乏自信，并采取相应的措施，来改变这种负向的、消极的认知。

在担任某医疗集团培训负责人时，我需要给集团下属医院各科室的主任医师们讲"医患沟通"课程。虽然我讲过很多演说和沟通类课程，但是这一次有点儿不同，这次的培训对象是一群有资历的专家。一开始我的心里在打鼓：他们会不会认为我是外行？他们会喜欢听我说的内容吗？等等。但我立马觉察到，这些是"心灵之眼"的负向视角，如果任由这个视角发展下去，这堂课还没开始就已经失败了。我需要将"心灵之眼"转换到正向视角：我虽然没有临床经验，但是我有过硬的理论知识和丰富的案例。这一定能给大家带来不一样的启发。于是，我开始围绕"创新与启发"这个主题来设计我的内容。

受到心理学上对人物性格类型分类的启发，我把科室主任的角色定位也分为了六种类型：老鹰型、骆驼型、孔雀型、鸽子型、大雁型和猴子型（见图1-12）。

图1-12　科室主任的角色认知

[导火索]在座的都是医疗领域的专家,在治疗疾病方面我是一名门外汉,大家都足以做我的老师了。所以,我今天并非要和大家探讨医疗知识,而是想带领大家来做个测试。著名的特鲁多医生说过:"有时治愈,常常帮助,总是安慰。"作为科室主任,我们不但要专业过硬,还要懂得医患沟通技巧和科室运营。那么,根据专业、沟通和运营能力的强弱,科室主任的角色定位可以分为六个类型,它可以帮助我们认识自身的优势和劣势。

[指南针]接下来,大家可以花10分钟时间,测试自己偏向于哪个类型。

[百宝箱]……让我们来看第一类"老鹰","老鹰"强于专业和运营,而忽视沟通。因为他们不受情感干扰的能力较强,工作有较强的目标和结果导向,他们能够抓大放小,永远关注结果。对待专业精益求精,做事的计划性较强,也比较注重规则。同时他们又能够站在组织的角度思考问题。对待患者,他们通常不会通过柔和的语言来表达安慰,他们往往是治疗过程中的权威者。所以,有时候也很容易陷入"父权主义"或"家长主义"……

[信号灯]虽然这只是个简单的测试,但我们从中或许能看到自身的薄弱点。我希望它能给大家带来一点点启发。

如此一来,冰冷的道理变成了有趣的测试,大家都积极地参与其中。后来,在办公区、食堂、休息室等,我都经常听到有人在谈论这次课程的内容。它已经变成了大家茶余饭后的谈资,潜移默化地被大家所接受和掌握。

[要点提示]

要想让你的外在状态自信从容,首先你需要找到内心深处到底是什么认知导致了你缺乏自信,并开启"转换器"来改变这种认知。

第一次走上讲台,面对很多观众时,多数人会不自信,心生胆怯,而且十分紧张。如何正确地克服紧张情绪,从而获得自信与从容的演说状态呢?我根据十余年的讲课经验,提炼出了"心灵之眼"正向转换的"三板斧"(见图1-13)。

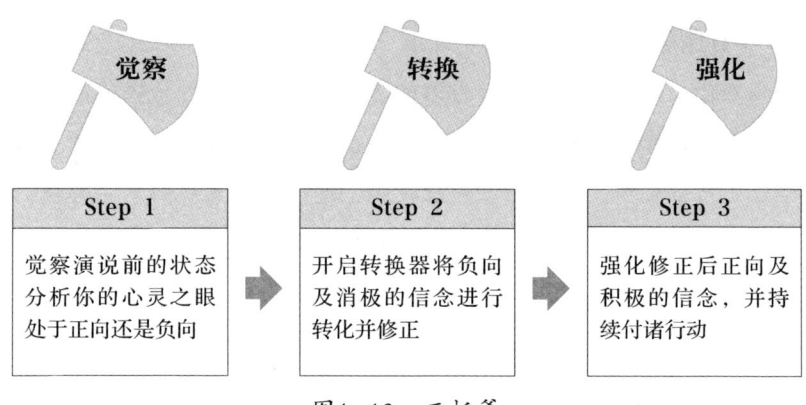

图1-13 三板斧

觉察

在演说之前,首先你要给你的"心灵之眼"做一次"体检",觉察你的"心灵之眼"是正向还是负向,积极还是消极(见表1-1)。

表1-1 "心灵之眼"的正向与负向视角

眼睛看到的事实	"心灵之眼"认为的	
	负向的、消极的	正向的、积极的
半杯水	只剩半杯水	还有半杯水
说话有口吃	别人会嘲笑自己	有个性更容易让人记住
没有行业经验	别人会说自己是个外行	借鉴其他行业的创新实践
准备不充分	忘记内容了咋办	即兴分享也不错

张倩在一家公司担任培训讲师的工作,她的其中一项职责就是给公司新入职的伙伴讲授"职业素养与礼仪"课程。这门课她讲授了几次后已经轻车熟路了,因此获得了不错的口碑,引起了老板的关注。有一次,老板从教室的后门走进了张倩的课堂,并坐在后面默默地听讲。但这个举动让张倩手足无措,她的声音开始有点儿颤抖,手心开始冒汗。她的脑袋里想着:老板为什么来?难道我做错了什么吗?完了!我要是讲得不好怎么办?老板会挑出我的什么毛病呢……最后的结果是,张倩这次讲课的表现非常差。

张倩的发挥失常就是因为她的"心灵之眼"关注了负向、消极的一面,并且任由这种念头持续地蔓延。很多时候,我们并没有意识到自己的"心灵之眼"是负向的。所以,"觉察"是告别紧张情绪并获得自信状态的第一板斧。

转换

第二板斧就是"转换"。当你觉察到自己"心灵之眼"的负向、消极的念头，你要想办法转换它。明代哲学家王阳明说："善恶两端，非冰炭相反，实乃一物耳。"任何事物都有正反两面，好坏往往是人们的主观认识。比如，对于路上的行人来说，他们会认为雨水是坏的，而对于久逢干旱的农夫来说，雨水就是好的。一个人有优势就会有劣势，比如对于篮球这个项目来说，个子高大的球员一般在投篮上具有优势，但与矮小的球员相比，可能又缺乏了灵活性。

好中有坏，坏中有好。如果你明白了这一点，在你觉察到你的"心灵之眼"主要在关注负向、消极的因素时，你可以思考一下它们对应的正向、积极的因素是什么，并且将你的"心灵之眼"的视线转移到正向、积极的因素上来。以张倩为例：

[负向的、消极的] 唉！今天老板在课堂上，他可能会挑出什么毛病。完了，我要是讲得不好怎么办？他会不会很不满意？

[正向的、积极的] 哇！今天老板来听我讲课，这是一个很好的展示自己的机会！老板一定会因为我良好的表现而感到满意。

强化

第三板斧就是"强化"。当你将"心灵之眼"的视线转换到正向的、积极的一面之后，你要继续强化这种正向和积极的信念。你可以想想古今中外许多优秀的语言大师，如林肯、丘吉尔等，他们的第一次演讲都是因紧张而以失败告终的。对此，你应该有一个清醒的认识，明确告诉自己：演说紧张心理的产生是必然的，但同时也是可控的。

你还可以通过调节自己的身体状态来强化你的自信。你可以试着去调节你的呼吸,并保持精神集中,而不是给自己不断营造一个恐惧的场景。当你感到紧张的时候,尝试做三到四次有意识的、平滑的吸气和吐气练习。放开你的肚子,不要收腹,让气息一直深入到腹部。这些简单的练习,能让你快速集中精力,并让你聚焦在自己的想法上。

守正出奇：
打造你的完美形象

几年前，我曾作为分享嘉宾参加某创业孵化园区组织的创业沙龙。沙龙邀请了几位嘉宾进行分享，每位嘉宾有15分钟的演讲时间。其中一位嘉宾的演讲让我印象深刻。他是一名企业顾问，身着商务正装，外表干净利落，精神抖擞，气质优雅。他的分享主题是"创新思维"，观众刚开始满怀期待。但接下来发生的事情却让听众大为震惊。这位嘉宾开始讲许多企业由于采取了行动而获得快速发展的故事。具体采取了什么行动呢？就是他们都预约了他的顾问服务。这样讲了8分钟之后，听众开始坐立不安。有位早已失去耐心的听众站起来说："老师，您能具体说说您的方法是如何起作用的吗？这样我们才能从中获益。而您现在的演讲，更像是在做广告。"（现场顿时一片尴尬的沉默）

每个演说者都很关注自身的形象，希望自己能够得到听众的认可和喜欢。有的人去参加了职业礼仪培训，学了一些礼貌用语，掌握了一些演说手势，并给自己准备了一套职业化正装。但如果你想要给听众塑造一个完美形象，这些还远远不够。就像上面的分享嘉宾，虽然外在形象气质俱佳，肢体语言得当，但是最后留给听众的却是令人讨厌的"索取者"形象。

演说者的完美形象包含"外在"和"内在"两个方面：外在形象是指我们外在的仪容、仪表和仪态等；内在形象是指我们内在的精神品质及价值观，这两个方面构成了听众对演说者的整体认识。你需要根据特定的场合来设计你的形象。

那么，我们如何让自己的内、外在形象脱颖而出，从而俘获听众的芳心呢？《孙子兵法》云："以正合，以奇胜。"原意是指，在以正兵与敌人交战的时候，永远要埋伏一支多出来的兵力，就是奇兵。奇兵能出其不意，在战斗中突然打乱敌人的部署，"守正出奇"是制胜的关键。你的形象设计也要"守正出奇"，才能脱颖而出。假如在某次商业展览活动中，有十几位嘉宾发言，你是其中一位，如果大家都穿商务正装，正装出席就是"守正"，如果你穿着拖鞋和背心，可能就会让观众大跌眼镜了。但"守正"只能让你不败，而不能让你制胜。你需要在"守正"的基础上"出奇"。

从小学到大学，我们都遇到过很多同学和老师，你还能清晰记得几位呢？有的我们甚至都已忘记了名字。但毕业几十年了，我依然清晰地记得我的初中三年级的历史老师。因为无论春夏秋冬，他总是戴着一顶镶有红色五角星的帽子给我们讲课，而且他酷爱红军的历史，给我们讲红军故事总是信手拈来。

[要点提示]

　　要想让你的形象脱颖而出，从而俘获听众的芳心，你需要对自己的内、外在形象进行精心设计。"守正"只能让你不败，"出奇"才能让你制胜。

外在形象

　　心理学专家研究出"七秒钟法则"，也就是要给人留下好印象，你只需要七秒钟。换句话说，在台上的你还没开口说话，台下的观众，从视觉呈现上，其实已经给你打分完毕。第一印象的形成有一半以上与外表有关。不仅是一张漂亮的脸蛋就够了，还包括体态、气质、神情和衣着的细微差异。

　　我曾亲眼见到，一位讲师身穿短裤加上运动鞋，在台上讲企业文化，底下第一排坐着的可都是董事长、总经理、部门总监等公司各部门大佬。讲师一上台，大家都有点儿不敢相信自己的眼睛，面面相觑。估计心里都在想，这老师怎么穿成这样就来讲课了，不知道的还以为他刚刚打完球赛。

　　为了不让你的外在形象减分，首先你需要"守正"。"守正"就是要让你的仪容、仪表和仪态符合时宜。餐厅里的大厨通常会戴个高帽子，医生的白大褂是其身份的一部分，隆重的商务场合一套得体的正装必不可少。即便是穿衣戴帽，各有所好，你也得学会其中的门道，通过管理自我形象，让自己不至于输在"起跑线"上。"守正"可以让你避免一开始就败北，但也难以让你取胜。如果你想让你的形象脱颖而出，你必须采取"出奇"的手段。

你可以让你的形象与一些积极向上的情感紧密相连，比如爱国主义精神、奋斗精神、奉献精神等，你要想办法让充满情感磁力的事物伴你左右——英雄、侠客、圣人、榜样，等等，只要能唤起人们的情感就可以。把充满情感磁力的事物变成一个元素或者符号植入你的言行与形象当中，从而将其巨大的能量嫁接到你身上。比如给煤矿工人讲课时，你的胸口别一枚雷锋头像胸章，就是将人们充满情感磁力的事物能量嫁接过来。当这样的搭配与讲授主题相关，才会相得益彰，加持自身的气场与能量。

上大学时期，我带领团队参加联想集团举办的创意营销大赛。在与100多个团队竞争时，如何一开场就让我们团队的形象脱颖而出呢？为了契合营销大赛"创意"的主题，我们团队取名为"魔法师"，我们统一穿着黑色的衣服，每个人戴着一顶魔法帽，并且以一个有趣的魔术开场。这样的方式，让评委眼前一亮，现场的观众为我们尖叫、欢呼。结果并不意外，我们团队赢得了冠军。

[要点提示]

想办法让充满情感磁力的事物伴你左右——英雄、侠客、圣人、榜样，等等，让你的形象与这些积极向上的情感紧密相连。

内在形象

如何让你的内在形象得到听众的认可和喜欢，从而赢得听众的信任呢？你可以从三个方面来打造自己的完美人设。

第一，表达正向的价值观。

有很多演讲者从演讲的第一个字，就已经让你感受到他想卖东西给你。相比索取者，人们更愿意相信那些能给他们带来价值、教给他们一些新知识、激发他们灵感的给予者。即便你是带着卖产品的想法来演讲，都不应该让人一目了然地看穿你的想法。优秀的演讲者总是会在言行之间，表露出自己正向的价值观，从而俘获听众的芳心。比如网红薇娅直播时，她让助理去跟厂家谈价格时对助理说："他们不给我这个价格我不卖了，我为什么要让我的顾客买到不划算的东西？我们就要性价比高，你要跟他讲，我就要便宜，不便宜我就不上了。"

著名的相声演员郭德纲深受大众喜欢，他曾经说过自己有"四不吃"。一不吃牛肉，因为牛善，耕地干活一辈子了，最后临了你把它杀了，心不忍。二不吃乌鱼，乌鱼产子之后，头昏眼花，看不见道，这母鱼就得活活饿死。而小鱼苗主动游到母亲嘴里去，喂自己的亲娘，因为它孝顺，所以我不吃。三不吃鸿雁，因为它贞洁，大雁一出来就一对，这只死了，那只就光棍儿一辈子，永远不会跟别的大雁在一起。四不吃狗肉，因为狗忠诚，不论你贫富贵贱，它永远不会嫌弃你，一直跟在你身边，直到生命的尽头。

第二，自我披露。

自我披露能增进吸引力，是一种真心交朋友的基本方式。对于披露自己的弱点、内心想法和自身事实的人，人们会有亲近感。只要你进入薇娅的直播间，短短几分钟里，你就能听到薇娅讲得最多的词就是——"老公""女儿""婆婆"。她把她所有家庭关系都展示在镜头前，人们越了解，也就越信任！

过于笼统的披露会削弱开放感，从而降低听众对你的亲近感和好感度；过于私密的披露往往会暴露你的瑕疵，也会降低听众对你的好感度。因此，你需要拿捏好尺度，让自我披露恰到好处。首先，自我披露既不要过于笼统，又不要过于私密。其次，自我披露的目的是获得同情、关怀和尊重。

第三，展示你的专业度。

专业永远是你最强的底色，当你做某个主题的演说时，你一定要展示给听众你在这个领域的专业度。比如"口红一哥"李佳琦曾在4个多小时的直播里，介绍了多达48种不同的产品，展现了出色的专业水准。他还曾创下2个小时试380支口红、5分钟卖掉15 000支口红、1秒钟拿下228万元销售额等逆天纪录，这些都足以说明专业的力量。

> 【 要点提示 】
>
> 你可以从三个方面出发，让你的内在形象得到听众的认可和喜欢，从而赢得听众的信任：表达正向的价值观、自我披露和展示你的专业度。

视觉化表达，
让幻灯片沟通卓有成效

刘玲是某公司运营部总监。公司年终总结会将至，总经理给她安排了一项工作，就是在总结会上，让她向参会人员汇报一下本年度公司的运营情况。为了做好这项工作，刘玲让自己的助理专门写一个详尽的PPT报告。在总结会上，刘玲从头到尾都在读这份专业的PPT。她的工作汇报进行了1个小时，当汇报结束时，她惊讶地发现很多人已经东倒西歪地睡着了。

自从幻灯片（PPT）软件诞生以来，它就开始广泛应用于演说、讲课和汇报当中。很多人直接把一堆原始的文本信息复制粘贴到PPT中，然后到了演说或讲课现场，直接就对着PPT读，殊不知这是演说大忌。为什么观众很厌烦你读PPT呢？主要原因就在于你讲的是一些没有经过翻译的书面语言。这种语言既没有生气，又不易理解。人毕竟不是机器，所以你说谁会喜欢这种机器般的信息呢？

演说的核心是你要通过眼神、肢体和语言与观众建立情感联结，PPT只是辅助你实现这一目标的视觉化呈现工具和手段，不能本末倒置。如何通过视觉化呈现，让PPT沟通卓有成效？首先你必须清楚了解PPT的用途。根据用途分类，我们可以把PPT分为两个类型——报告式PPT和演说式PPT（见表1-2和图1-14）。

表1-2 报告式PPT和演说式PPT

	报告式PPT	演说式PPT
风格	专业沉稳	引人注目
文字	详细文字描述	避免文字过多
场景	阅读+小范围汇报	演讲或讲座
结构	T字形	串珠形

融资方案、工作汇报、研究报告等都属于报告式PPT，它的风格要求专业沉稳，需要通过严谨、详细的文字进行描述，适合直接阅读或小范围演说。每张幻灯片一般采用"T字形"写作结构，幻灯片之间具有清晰的逻辑关系。"T"的一横代表这张幻灯片的结论，一竖代表这张幻灯片的论据和素材。演说式PPT避免文字过多，力求抓人眼球、引人注目。例如罗振宇在跨年演讲中谈到"小趋势"这个词时，幻灯片上只有三个大字——小趋势。每张幻灯片看似跳跃，但实际有一根主线串联。

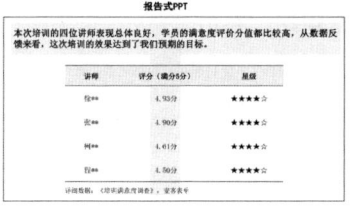 

图1-14 报告式PPT与演说式PPT

我们经常容易混淆这两种类型的PPT用法，而导致演说失败。面对上百人的宣讲会，你可能用了严谨、专业的报告式PPT，导致前排听众注意力完全被细枝末节的数据吸引，而忽略了你的演讲，后排的听众因为看不清你PPT上密密麻麻的文字，而昏昏欲睡。面对几个人的融资路演，你可能又错用了演说式PPT，而导致投资人说你的论据不充分、完全理想化，等等。无论是报告式PPT还是演说式PPT，只要是用于沟通，那么它们都有共同的原则——"CLS原则"。掌握好这些原则可以让你的PPT沟通卓有成效。

C—串联

你的每一张幻灯片都不是孤立的，而是有一根主线串联。你要将你的幻灯片对应到"导火索—指南针—百宝箱—信号灯"的主线上。比如，在主题页的时候，你要点燃"导火索"，翻到目录页时，你要抛出"指南针"，进入主体内容，你要打开"百宝箱"，结尾处，你可以亮起"信号灯"（见图1-15中的四张幻灯片）。

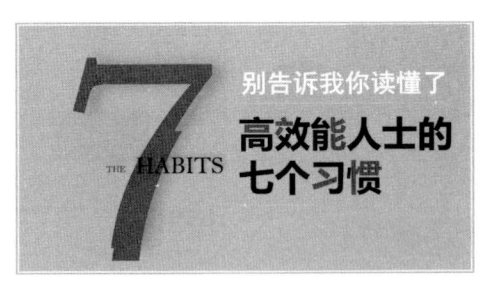

[导火索] 在座的各位都知道"高效能人士的七个习惯"。很多人以为学习了这七个好习惯，立马就能成为高效能人士，但现实往往是囫囵吞枣，并没有真正领悟其核心。高效能人士的七个习惯之间是有因果关系的，如果不能搞懂这个因果关系，就无法对应到个人发展阶段。其实在个人发展的某个阶段，只需践行一个习惯就足以让你脱颖而出。

[指南针]那么接下来,我将用30分钟的时间来介绍一下高效能人士七习惯的研究背景、因果关系以及应用实践。在我介绍完后,大家如果有什么疑问,我们可以现场进行交流……

[百宝箱]初入职场,你只需要牢记积极主动就可以了。因为你还没有太多的实战经验,别人不会对你有太高的期待。第一局往往积极分子胜出。比如,公司校招了十个应届毕业生,有六个人平时工作中积极主动,那么这六个人更加容易得到上级的重用,获得更重要的机会、历练和担当。另外四个不积极的人由于得不到历练机会,逐渐被边缘化……

[信号灯]学习不在于"知"——了解知识,而是着重于"行"——躬身践行。有些人即便把七个好习惯倒背如流,但终究是一无所获。因为从来没有把它融入个人发展阶段中躬身践行,只有落到行动才是"真知",否则只是"知道"罢了。
我希望我们未来能把这些好习惯落到行动当中,像大树一样茁壮成长,谢谢大家!

图1-15 幻灯片结构

L—层次

评估幻灯片的好坏,有一个简单的指标,就是听众看这页幻灯片时是否能"秒懂"。如果只有 3 秒钟的时间,图 1-16 中的两张幻灯片 A 和 B,你分别看到了什么?

一个成功的招商会四分在邀约,邀约是最重要的,如果参加的人都没有,会议的效果就无从谈起了。所以我们要想尽一切办法邀请到目标客户,比如电话邀约、上门邀约和熟人介绍等。三分在现场,招商会现场也很重要,现场的氛围、流程、体验等都要做好,让目标客户在现场体验到产品价值。三分在跟踪,就是招商会结束后要回访,回访的时候把客户分类,比如已经建立合作的、有意向的和没意向的,每种类型的客户用不同的对策。

A 幻灯片

一个成功的招商会四分在邀约,邀约是最重要的,如果参加的人都没有,会议的效果就无从谈起了。

A 幻灯片3秒信息量

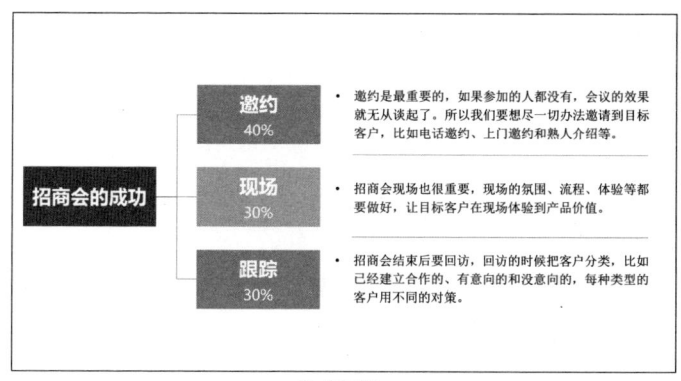

B 幻灯片

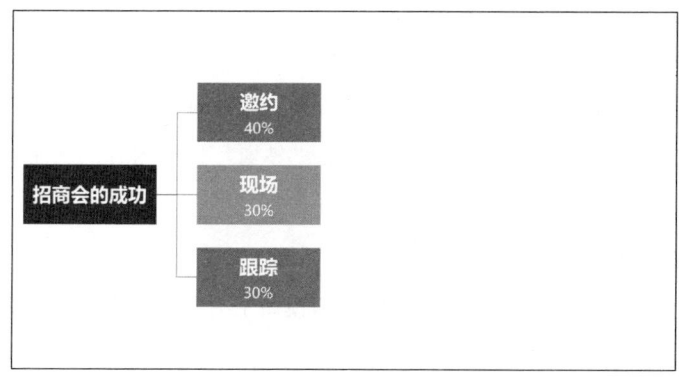

B 幻灯片3秒信息量

图1-16 A和B幻灯片比较

显然，3秒钟时间，B幻灯片能够让听众掌握到主要的信息，而A幻灯片却很难。主要在于B幻灯片是有层次的，听众3秒钟看到的那层，已经概括了这张幻灯片的要点。而A幻灯片是平面的，听众必须从头读到尾，没法儿几秒内捕捉关键点。让你的幻灯片具有层次的方法有很多，例如改变字体大小、改变颜色、添加背景、使用图形，等等。总之，听众读懂你的幻灯片时间越短，就越能迅速将注意力转移到你的演说上来。很多幻灯片使用大段的文字、复杂的图形等,把听众的注意力全吸引到理解幻灯片的文字上去了,完全忽略了演讲者说的话,演讲效果必然大打折扣。

[要点提示]

听众读懂你的幻灯片时间越短,就越能迅速将注意力转移到你的身上。好的幻灯片,都是能让听众"秒懂"的幻灯片。

S—极简

莎士比亚说:"简洁是智慧的灵魂。"极简就是要把复杂的想法和概念用视觉的方式呈现,让听众能"秒懂"你的内容,从而将注意力从PPT转移到你的演说上来。

剔除认知障碍

很多人会套用一些PPT模版,但模版上有很多图形、元素等与我们要表达的内容并无多大关系,反而会分散听众的注意力,增加听众对PPT理解的难度。所以,我们要果断剔除一切阻碍听众认知的元素,哪怕只是一条"线"。例如图1-17中的两个图表,哪个能让你"秒懂"呢?

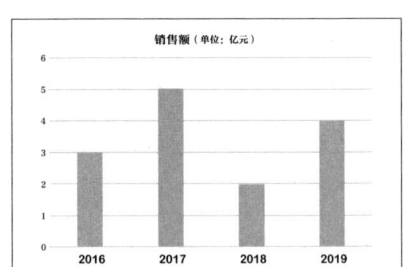 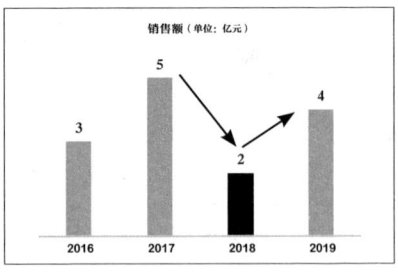

图1-17 两个图表比较

巧用超级符号

超级符号是指一些人人都理解的，融于人们生活、指示人们行动的符号，例如红灯停、绿灯行。这些符号潜移默化地融于我们的生活，有些时候甚至不需要思考它为什么存在，却会不由自主地按照它提示的信息执行。超级符号是信息沟通的载体，我们一秒钟看到它，就能知道它代表的意义。超级符号是让你的PPT变得"秒懂"的催化剂，如图1-18。

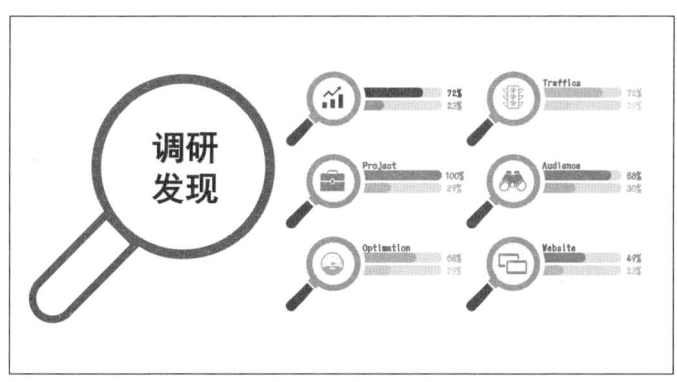

图1-18 超级符号的运用

善用图示图表

PPT设计是花大量的心思去琢磨、推敲内容之间的逻辑关系,并以最能让人理解的图示或图表呈现,善用图示和图表能让你的PPT大放异彩。比如在讲"公司试用期培训方案"时,我只用了一张幻灯片,就清晰地把试用期培训的流程和要点全部呈现出来(见图1-19)。

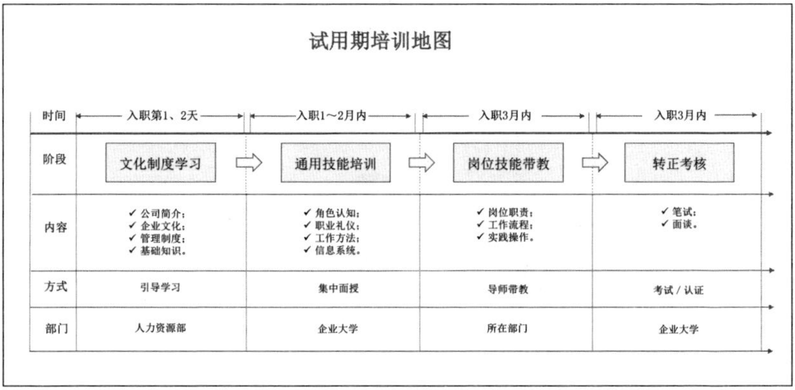

时间	入职第1、2天	入职1~2月内	入职3月内	入职3月内
阶段	文化制度学习	通用技能培训	岗位技能带教	转正考核
内容	✓公司简介; ✓企业文化; ✓管理制度; ✓基础知识.	✓角色认知; ✓职业礼仪; ✓工作方法; ✓信息系统.	✓岗位职责; ✓工作流程; ✓实践操作.	✓笔试; ✓面试.
方式	引导学习	集中面授	导师带教	考试/认证
部门	人力资源部	企业大学	所在部门	企业大学

试用期培训地图

图1-19 图示运用

第二章

02

引爆动机

——开头引人入胜

如果你想造一艘船,首先需要做的不是催促工人收集木材,也不是忙着分配工作和发布号令,而是引爆他们对大海的向往!如果你想要听众接受你的想法并马上行动,首先需要做的不是卖力地直接推销你的主意,而是制造知识的缺口——导火索。

导火索：
制造知识缺口，引爆听众动机

刘辉是某少儿教育培训机构的校长，该机构主要给小学生提供汉语拼音与语法方面的培训辅导。最近他给某小学的低年级学生和家长讲了一堂公开课，目的是说服家长给孩子报名参加辅导班。在公开课开始前，刘辉校长给孩子们做了一项拼音与语法的测试。测试结果让大部分家长有点儿失望，很多孩子没有完全答对测试题。于是，刘辉校长心中有了公开课开场的"导火索"。

[导火索] 各位家长都知道"楼房要想建得高，地基必须打得牢"。那么，学习也是一样，要想孩子学习成绩好，"地基"也必须打牢才行，而拼音和语法就是语文这个科目的"地基"。如果拼音和语法掌握不牢靠，那么孩子以后的学习就会形成障碍了。想必您已经看到了孩子的测试结果，这个结果可能会让您感到有点儿失落。但

是，幸运的是我们还有机会去改变！在过去的五年里，我们已帮助3000多名孩子成功地克服了拼音和语法的障碍……（公开课后大部分家长给孩子报了名。）

在《沙漠的智慧》这本书里有一句话：如果你想造一艘船，首先需要做的不是催促工人收集木材，也不是忙着分配工作和发布号令，而是激发他们对大海的向往。同样，如果你想通过演说将你的听众从A点移动到B点，首先需要做的不是告诉他们从A点移动到B点的方法，而是引爆他们从A点到B点的动机。

心理学上描述，任何的动机和需要，都源于一个"没有被实现的目标"。一般情况下，人是不想去改变的。我们习惯了用家里普通的开水瓶，即使看到智能开水瓶，第一反应也是不会买。但是，当你感知到自己有一个"没有被实现的目标"，就会想要通过某种行动，来实现这个目标，从而改变行为。给你的听众制造出"没有被实现的目标"，是改变对方的有效途径。按照神经学家的说法，要创造大脑渴望去填补的知识缺口。真正的高手，三两句话就能直抵人心，胜过普通人讲千言万语的道理。当年苹果需要一个新的CEO，乔布斯相中了百事可乐高管斯卡利，他只用一句话就打动了对方——你是想卖一辈子糖水，还是想改变整个世界？

那么，在演说中，我们该如何刺激听众"没有被实现的目标"，从而达到我们演说的目的和效果呢？

我们知道，人有两种状态：期望状态（我期望的样子）和现实状态（我现实的样子），在绝大部分情况下，期望状态和现实状态是重合的。比如，一个成绩一般的学生，接受自己的成绩一般（现实状态），同时也认为自己成绩也就这样了，基本也不会更好了（期望状态）。而要刺激动机，要让人改变，就必须让期望状态和现实状态之间产生缺口，从而出现一个"没有被实现的目标"（见图2-1）。

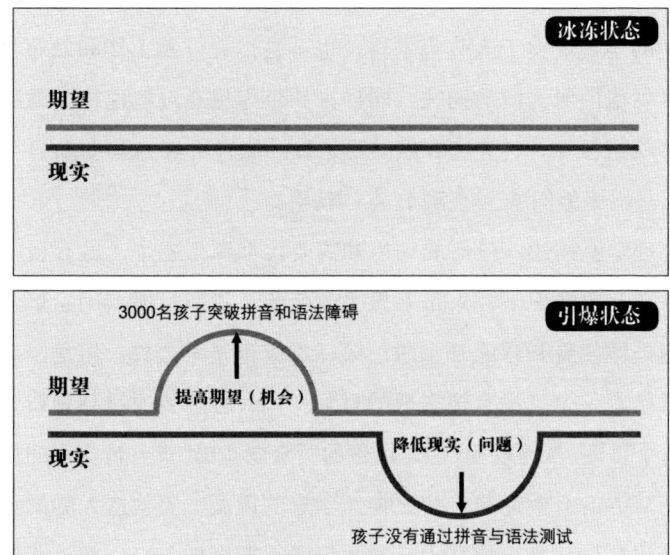

图2-1 制造期望与现实的缺口

一种方法是降低一个人的现实状态，让他意识到"问题"，比如刘辉校长在公开课前对孩子做测试，让家长意识到孩子的问题。另一种方法是提高一个人的期望状态，让一个人意识到机会，比如刘辉校长展示过去帮助了很多出现问题的孩子成功地克服了障碍。总之，想要改变"冰冻状态"的听众，让他们可以接受你的新思想、新知识或新方案，就需要让他们的预期和现实之间产生缺口，而创造这种缺口，有两种方式：降低现实状态与提高期望状态。

[**要点提示**]

　　动机和需要源于"没有被实现的目标",如果你想通过你的演说,让听众从A点移到B点,你首先需要激活听众"没有被实现的目标"。

给出一个问题:降低现实状态

在向听众介绍你的新思想、新方案或者新产品前,你应该让听众先关注他们自己(而不是你的思想、方案或产品),让听众意识到自己有一个没有被实现的目标,而其中一个方式就是——降低他们的现实状态,让他们意识到有个"问题",有"不合理"之处。比如,在向某公司董事长汇报网站改版方案时,我并没有一开始就强调我的方案有多好,而是先让他意识到"问题"和"不合理"。

[**导火索**]尊敬的董事长,我们公司有24年的历史了,目前在品牌营销咨询领域已经处于领导者地位。在这24年的岁月里,我们在行业内积累了良好的口碑和信誉,我认为这是我们公司永续经营的核心竞争力。然而,我们的网站已经有七八年没改版了,目前有些竞争对手已经超越了我们,他们使用了最新版本的网站方案。我们是一家以"创意"为产品核心的智力公司,但我们的网站却暴露出我们与前沿脱节了。我认为这已经严重地影响到了公司形象……

沟通结束后,董事长最终同意了我的网站改版方案。在这个例子中,我就采用了"降低现实状态"的方法,如图2-2所示。

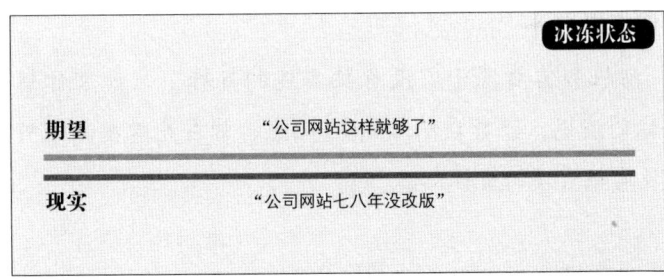

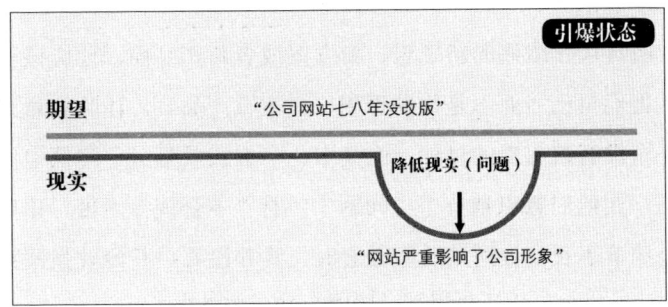

图2-2 降低现实状态

我本人就是一个习惯了某个物品,就不太愿意去更换的人。但就在我去年生日的时候,我的妻子使用"降低现实状态"的方法,让我心甘情愿地换掉了自己已经使用了 8 年的电脑包。

[导火索] 老公,你的这个电脑包已经使用快 8 年了,虽然没有破洞,但看上去非常陈旧了,这与你的专业讲师形象很不相符。你还要经常给学员讲形象礼仪方面的课程呢!你自己应该知行合一,做好榜样吧?今天是你的生日,我们一起去选个电脑包,算是我给你的生日礼物吧……

妻子这样用心良苦,除了点头同意,我还能有什么理由拒绝呢!

给出一个机会：提高期望状态

引爆动机的第二个方法就是"提高期望状态"。比如我以前参加一个养生专家的健康讲座。她一开始让大家猜猜她的年龄，有人猜30岁，有人猜35岁，有人猜40岁，等等。最后，专家告诉我们她其实已经60多岁了。结果，现场的听众都发出了惊叹的尖叫声。专家接着告诉大家，她要将自己的养生秘诀分享给大家，结果现场所有人都洗耳恭听。这其实就使用了"提高期望状态"的方法（见图2-3）。

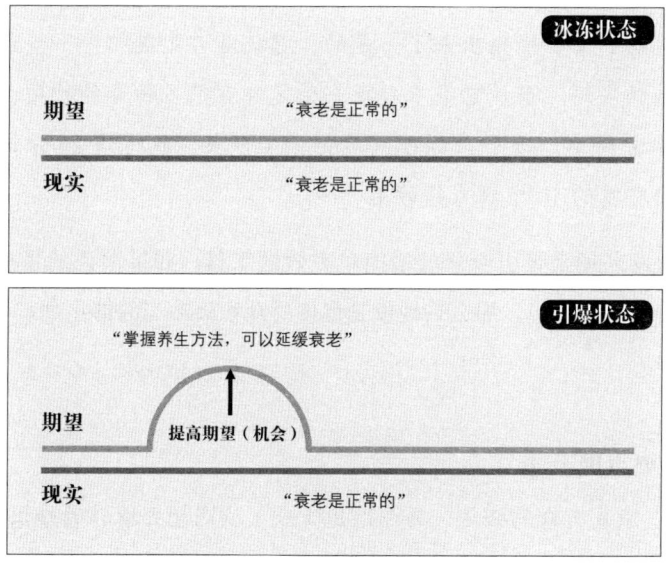

图2-3 提高期望状态

为了提高听众的期望，增强听众的兴趣，在你的开头部分，你还可以展示抓人眼球的幻灯片、视频或者实物。在学完我的课程之后，安妮医生用"提高观众期望，制造知识缺口"的方法设计了她的中医

知识讲座,并且获得了成功。她是这样开头的:

[**导火索**]大家好!今天我带来了一个神奇的"宝贝"(手中举起一个小瓶子),它就装在这个小瓶子里,而且在生活中,我们可以经常看到,但是我们常常忽略它神奇的妙用。记得我小时候非常顽皮,所以磕磕碰碰在所难免,经常擦破点儿皮,奶奶看见了总会用它涂在我的伤口处。不一会儿疼痛就神奇地消失了,血也止住了,后来学医后我才知道它消炎杀菌效果很好。它还有祛痘、美容、治疗灰指甲以及口腔溃疡等诸多妙用!大家能猜出它是什么吗?(停顿)有些朋友已经猜出来了。是的,它就是"艾灰"——艾条燃烧后形成的灰烬。虽然它很不起眼,但是却有很多神奇的妙用,而且用法非常简单,每个人都可以学会。接下来,我将用20分钟给大家讲讲艾灰的10个神奇的妙用……

激发兴趣是吸引听众的最简单有效的工具,如果演说的目标是让听众接受一种思想,那么兴趣就是促使听众积极参与的催化剂。

[**要点提示**]

激发听众的兴趣,要创造出听众大脑渴望去填补的知识缺口。通过两种方法可以实现:①提出问题,降低现实;②提出机会,提高期望。

六种引人入胜的
演说开场方法

最近,安妮医生问我:"学校邀请我去讲疫情防护知识,我该如何讲好这个话题呢?"为了进一步了解情况,我反问她:"你准备讲什么内容?"她说:"我想告诉大家如何正确佩戴口罩!"我感到疑惑:"难道大家还不会戴口罩吗?"安妮说:"这可不一定!很多人的做法其实是错误的,比如摘口罩时用手去触碰污染面。"我灵机一动:"那你就以'别告诉我你会戴口罩'为引爆点来讲你的内容吧。"(见图2-4)

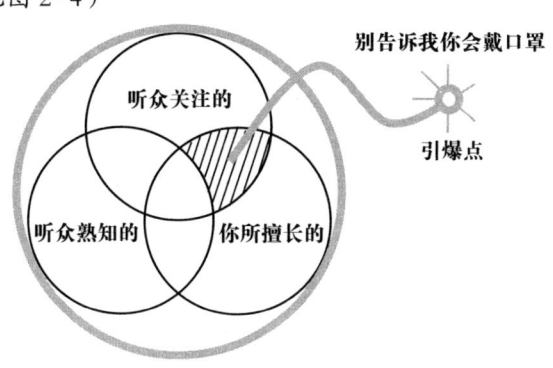

图2-4 寻找"导火索"

大凡成功的演说，开头必定抓人眼球、引人入胜。演说开头是演说者与听众建立初步友谊的纽带，它在整个演说进程中起着非常重要的作用。成功的演说都要在演说开头下一番功夫，设置"导火索"，吸引听众的注意力，并引爆听众的动机。设置"导火索"在整体策略上要遵循三条原则：

第一，关注听众。如果你的演讲不以听众为中心，那么听众完全可能把你抛弃，或者跟你唱对台戏。你的演说内容要切合听众的关注点，比如在疫情期间，每个人都很关注疫情防护的知识，当有医疗培训机构推出"免疫力才是未来最重要的竞争力"的课程时，备受听众青睐。

第二，制造冲突。制造冲突是指让听众自己的内心产生"认知不协调"，形成知识缺口。当"认知不协调"发生时，听众就会急切地想协调它、平衡它，于是就产生了听下去的愿望与冲动。首先你要讲的不能是听众熟知的内容，老生常谈只会让听众对你失去兴趣。即便讲听众熟悉的东西，也要"老酒装新瓶"，带给听众不一样的体验和认识。

第三，建立信任。制造冲突之后，你还需要赢得听众的信任，这才是根本。比如在刘辉校长公开课的例子中，刘辉校长先是通过测试制造了一个问题——很多孩子拼音与语法测试不合格，然后展示自己在过往五年里，帮助了3000多名孩子突破障碍，并建立与听众之间的信任。赢得听众的信任，也可以有效地吸引听众的注意力。

【 要点提示 】

成功的演说要在开头设置"导火索"，吸引听众的注意力。设置"导火索"在整体策略上要遵循三条原则：关注听众、制造冲突和建立信任。

在这三条原则的基础上,你可以试试这六种引人入胜的演说开场方法。

提出问题

提出问题是演说中吸引听众注意力的好方法。问题就像一把钩子,可以让听众瞬间把注意力集中。提出一个听众习以为常,但又不得不面对的重要问题,可以吸引听众的注意力。当听众意识到这个问题的严重性,并迫切地想要寻找答案时,听众会对你接下来要说的内容充满兴趣。比如任正非"以客户为中心"的演讲:

[导火索] 2017年4月,美联航一国内航班为了让自己的员工成行,竟然强行拒载四名已登机的旅客,"顾客就是上帝",这句商业箴言源自西方,但美联航好像将它改成了"员工就是上帝"。美联航不以客户为中心,而以员工为中心,导致他们对客户这样恶劣的经营作风。华为会不会是下一个美联航?企业最宝贵的财富是客户,我们越富越要不忘初心。一些主管不以客户为中心,而是完全以领导为中心。很多专家和主管都不愿意去展厅为客户提供讲解咨询,不愿多抽一些时间黏黏客户。这是否意味着华为正滑向美联航的道路?如果不热心去见客户,只会坐而论道,这类人要从专家和主管队伍退到职员岗位上去,人力资源要做相关考核。富了就惰怠,难道是必归之路吗?

开头采用向听众提问的方式时,不需要刻意发问,要注意选择好问题,提出切合主题、引起听众兴趣的问题,同时选择好提问方式,才能起到积极作用。如果要提出一系列的问题,要注意在每个问题后稍做停顿，既可以增强演讲效果，同时让听众有时间思考一下问题。

对比数据

对比数据的开场方式，是指演说者在正式演说前，先呈现一些令人触目惊心的对比性数据，希望能引起听众对演讲主题的重视，让自己的演讲在大家的惊讶声中顺利进行，并使本次演讲取得圆满成功。例如，美国南达科他州州立大学的希瑟在一次演讲中，引用了一系列出乎人们意料的数据，一下子就把听众吸引过来了。当时，她是这么开场的：

[导火索] 大家知道吗？每11分钟就有一个美国人死于这种病，这个数量刚好是死于谋杀犯罪案人数的两倍。如果说近一点儿，今年有4.6万人死于这种病，而8年越南战争的死亡人数也不过是这个数字。如果说远一点儿，在近十年里，美国人死于这种病的人数是死于艾滋病13.3万人的3倍。而这种病将使你我和其他美国人在医疗费用上每年花费掉超过60亿美元，并失去劳动能力，更不用说我们所遭受到的生命损失了。这种病到底是什么病呢？它叫作乳腺癌。现在，我郑重地告诉大家：这种疾病的浪潮可能会直接袭击我们在座的每一个人。

故弄玄虚

演说与讲课最忌平淡，为了让所讲的内容变得有趣、使听众爱听，我们不妨故弄玄虚，让自己的演讲兴起一些波澜来。马云曾经发表过一次"世界是由懒人创造的"的主题演讲，他是这样开头的：

[**导火索**] 世界上很多非常聪明且受过高等教育的人都无法成功，原因在于他们从小就受到了错误的教育，养成了勤劳的恶习。相信很多人都记得爱迪生那句"天才就是99%的汗水加上1%的灵感"的话，并且被这句话误导了一生。勤勤恳恳地奋斗，最终却碌碌无为。其实爱迪生是懒得想自己成功的真正原因，才编了这句话来误导我们。很多人认为我在胡说八道，好，让我用100个例子来证实你们的错误吧！事实胜于雄辩。

世界上最富有的人——比尔·盖茨，他因为懒得读书就退学了。他又懒得记那些复杂的DOS命令，就编了个图形的界面程序，叫什么来着？我忘了，懒得记这些东西。于是，全世界的电脑都长着相同的脸，而他成了世界首富。

世界最值钱的品牌——可口可乐，它的老板更懒，尽管中国的茶文化历史悠久、巴西的咖啡香味浓郁，但他实在太懒了，弄点儿糖精加凉水，装瓶就卖。于是全世界有人的地方，大家都在喝那种像血一样的液体……

马云说的这个"懒"跟普通意义上的"懒"是不一样的，手脚勤快不能掩盖你的思维懒惰。这么来看，"懒人创造世界"这个提法还颇有几分道理。

巧用故事

我们都喜欢听故事，尤其是简单有趣的、有争议的、带点儿戏剧性或富有悬念的故事。一个好的故事，很容易引起听众的好奇心，给听众打造一个不一样的场景，可以增加演说的质感，避免千篇一律。

但是，演讲中的讲故事，绝对不能为了讲故事而讲故事。在故事讲完之后，一定要对故事进行必要的总结和分享，或者引着听众去进行思考。比如，某位营销管理专家在讲"意见领袖"知识点时，他是这样开头的：

[**导火索**]有两家鞋商的营销人员 A 和 B，分别到一个岛上考察鞋子市场。他们发现岛上的部落祖祖辈辈都是打赤脚的，从来没穿过鞋子。A 失望地走了，而 B 则认为大有商机。多数讲营销的培训师讲到这里就结束了，其实，如果没有切实可行的开发市场的方法，而是盲目地认为大有商机，那是没有用的。既然岛上的居民从来没有穿鞋的习惯，那么，怎么让他们接受"鞋子"这种"奇怪"的商品呢？这才是问题的关键！

我们来看 B 是怎么做的。B 在岛上调研，发现部落酋长在部落中最有影响力。于是他给部落酋长以及酋长的家人每个人都送了一双漂亮的鞋。但他有个条件，那就是部落酋长每次主持部落大会的时候，都要穿上送的鞋子。于是，每次开部落大会的时候，部落的居民都看到酋长穿着鞋子，显得既时尚又尊贵。慢慢地，大家都开始穿起鞋子来。B 采用的是"意见领袖引领"的营销方法……

激发想象

想象总是能够激起人们的情感体验，在人们的情感生活中具有重要作用。想象不仅可以引起一种短暂的情绪状态，也可能成为深刻而牢固的情感源泉，还可以成为人的意志行为的推动力。乔布斯就是激发听众想象力的高手。1997 年，乔布斯重返苹果，拯救危局，做的一

项重要工作就是赋予这个品牌一种伟大的精神,他展示了一个"不同凡响"(Think Different)的想象画面:

[**导火索**]向那些疯狂的家伙们致敬,他们我行我素,桀骜不驯,惹是生非。他们格格不入,就像方孔中的圆桩。他们用与众不同的眼光看待事物,他们既不墨守成规,也不安于现状。你可以支持他们、反对他们、赞美他们或诋毁他们,但唯独不能忽视他们。因为他们改变了世界,他们推动人类向前发展。有人视他们为疯子,而我们却视他们为天才。因为只有那些疯狂到认为自己能够改变世界的人,才能真正地改变世界。

激发人们共同的想象,可以让听众超越血缘的纽带,结成更大的群体,凝聚起了更多力量,对未来积攒了更多期待和信仰。激发想象可以提升士气,抬高天空,凝聚共识,是解决历史问题的良方。

展示道具

展示道具就是演讲者在开讲前,先展示某种实物,给听众一个新鲜、感性的直观印象,从而引起听众的注意,充分地调动听众的兴趣和期待心理,一下子抓住听众,接着从道具引入演讲内容。比如,有位动物保护志愿者是这样开始他的演说的:

大家看到我手中的漂亮的包包了吗?它是多么的美啊(他双手举起来一个昂贵的名牌包,大家的目光都被吸引了)。可是,你知道在这份"美"的背后,可能有一只可怜的动物因此而丢掉性命吗?或许,就在它的孩子们还在期盼着它回家团聚的时候,它的皮毛已被人们当成了炫耀的资本……

共情表达：
一开口就让听众喜欢你

去年，我到上海出差，当我坐着出租车赶往客户那儿时，突然接到了妻子的电话。电话里，妻子对我说："你快来把你的儿子领走吧，他总是不认真写作业，我不想管他了，我快发疯了！"面对这样的状况，我该如何应对呢？

如果我说："我也好不到哪儿去，我在外面忙着呢，让我省点心吧……"大家都知道，这样必定难以平息妻子的怒火，只会迎来狂风暴雨般的争吵，还将会影响我接下来的合作谈判。

于是，我立即使用了另外一种表达方式。

我说："亲爱的，你觉得招架不住，因为我没待在家里帮你照顾孩子。"我击中了妻子的敏感点，她开始发泄。等妻子发泄完，我继续说道："为何不把儿子送到我妈那儿，然后你出去散散心，吃点儿甜点,那是你应得的奖励……"

最后,妻子的怒火被我彻底平息了,我也顺利地完成了合作洽谈。

上面例子中的第二种表达方式叫作"共情表达"。"共情"是人本主义创始人罗杰斯提出的,是指体验别人内心世界的能力。"共情表达"是指能够感知对方情绪,站在对方的角度来进行表达,比如"你当时肯定气坏了吧""你看上去不太高兴""你当时肯定很伤心",等等。"共情表达"可以拉近人与人之间的距离,当你的听众接收到"共情表达"的信号时,会本能地对你产生亲近感,而且毫无抵抗力。

想要拥有"共情"的能力,并非一件容易的事。心理学上有个有趣的概念——透明度错觉,人们总是高估个人心理状态被他人知晓的程度,也会高估自己对于他人心理状态的揣度。有个这样的小故事,狮子和老虎之间爆发了一场激烈的冲突,到最后两败俱伤。狮子快要断气时,对老虎说:"如果不是你非要抢我的地盘,我们也不会弄成现在这样。"老虎吃惊地说:"我从未想过要抢你的地盘,我一直以为是你要侵略我。"

在演说中,如果掌握了"共情表达"的方法,你可以随时随地获得观众的青睐,让观众喜欢上你。在奴隶制还未被废除之前,美国伊利诺伊州南部的人民对于反对奴隶制度的人非常愤恨。他们立下誓言,说林肯如果在当地演讲,他们立刻把这个主张解放黑奴的人驱逐出场。但是,林肯并没有害怕与退缩,而是用"共情表达"进行了一次成功的演讲:

南伊利诺伊州的同乡们,肯塔基州的同乡们,密苏里的同乡们,听说在场的人群中有些人要和我为难,我实在不明白为什么要这样做。我也是一个和你们一样耿直的平民,那我为什么不能和你们一样有着发表意见的权利呢？好朋友，我并不是来干涉你们的人，我也是你们中间的一员……（配上他和善的面部表情和恳切的声音，让将起的狂涛止息了。）

在演说中，"共情表达"常常是以"你／你们／大家／朋友们／同学们／同乡们／在座的……"开头，首先关注并描述对方的状态和情绪，而不是以"我／我们／我公司／我团队……"开头，推销自己的想法或产品。前者关注对方，而后者关注自己，哪种方式更能获得听众的好感呢？如果你常常以第二或者第三人称开头，那么你就有可能体会到"共情表达"的魅力，而不是陷入"以自我为中心"。但是，大多数人都只关注自己，所以我们经常看到这样的演说：

大家好，很高兴今天能在这里演讲。我的分享主题是××，我对这个主题非常感兴趣，我今天准备了 80 页 PPT，在这个领域我已经研究了十年，我觉得它太有趣了，我很乐意把它分享给大家……

你只关注你自己，这当然没错！但你也无法干涉听众只关注他们自己。所以，"以自我为中心"的演说必定会被听众扔进"垃圾篓"。演说高手往往能够跳出"以自我为中心"的束缚，并且拥有"共情"的能力。他们一开始就能体会听众情绪，抓住听众的痛点，理解听众的需求，一开口就能俘获听众的芳心。

[要点提示]

"共情表达"可以拉近人与人之间的距离，如果你掌握了"共情表达"的方法，你将随时随地获得听众的青睐，让听众喜欢上你。

感知对方的情绪

双方沟通，30% 是内容，70% 是情绪。情绪不对，沟通的效率就会降低，甚至沟通可能无法继续。当你即将进行一次演说或沟通时，首先要感知对方当下的情绪，这是"共情表达"的第一个要领。比如，我感知到妻子的愤怒，才能说出安抚的话语，当妻子感觉到我能理解她的感受时，她的怒气也就逐渐烟消云散了。先处理情绪，后处理事情，因为只有情绪消除后，才能进入安全的对话氛围，事情才能得到解决。

在演说中，首先你也应该去感知听众当下的情绪，比如，由于你的迟到，导致了听众焦躁的情绪，在你演说开始时，就应该安抚一下听众的情绪。如果你能感知到听众的情绪，并在你的演说开始时就进行"共情表达"，那么你将获得听众的信任与青睐。比如，刘杰校长最近给学生们做"职业规划"讲座时，他是这样开场的：

[导火索] 同学们，再过两个月你们就要告别校园，各奔前程了。可能有的人满怀期待，有的人充满担忧。受疫情的影响，今年大学生就业形势确实不容乐观。所以，在即将迎来挑战之前，大家必须做好充分的准备，让我们给自己好好做一次职业规划吧……

使用对方的语言

"共情表达"的第二个要领就是"使用对方的语言"，比如，当你面对一群儿童做演说时，你的语言要尽量欢快、活泼；而当你面对一群老人做演说时，你的语言要尽量缓慢、清晰。在演说中，使用对方的语言，能够迅速拉近人与人之间的距离。比如，我有一次到广东讲课，在座的都是广东本地的企业家朋友。在讲课开始之前，我特意学了一些打招呼的粤语，像"大家好""非常荣幸"等。在讲课开始的时候，我把我学的这些打招呼的方言用上，结果严肃的会场瞬间变得轻松起来，我的课程也很快得到了听众的青睐。

讲述共同的故事

"共情表达"的第三个要领就是"讲述共同的故事"，讲述你和听众共同的故事可以使听众勾勒出画面感。如果这些故事是幸福而甜蜜的记忆，它可以再次激发听众对你的好感。比如，在大学毕业典礼上，我的辅导员在台上讲话时，讲述了同学们过往的很多经历和故事，这些故事勾起了大家美好的回忆，现场沉浸在一片温馨当中，很多人的双眼已泛起了泪花。

运用开放式姿态

"共情表达"的第四个要领就是"运用开放式姿态"。两个关系融洽的人通常会表现出某种开放式的身体姿态。开放式姿态包括"腿部和手臂不交叉""发言时手部活动频繁""出现摊手动作""身体略微前倾"，等等，这些姿态可以传递热情、信任和友善。封闭式姿态通常与开放式姿态动作相反，包括"双臂紧紧交叉""少见手部动作""用物品遮挡"，等等。在演说中，运用开放式姿态，会让你的听众对你产生信任和青睐。

[要点提示]

想要一开口就让听众喜欢你，你需要记住"共情表达"的四个要领：感知对方的情绪、使用对方的语言、讲述共同的故事和运用开放式姿态。

不要生硬推销，
而要巧妙营销

去年，我去参加酒水行业论坛，论坛邀请了一位专家做分享。原本我满怀期待地准备学点知识，可是这位专家在开场的十几分钟里，一直在介绍他的公司实力和他自己的资历，让在座的听众大失所望。如果你想通过演说增加你个人品牌的影响力或是推广公司的产品等，那么，请不要像这位专家一样，讲座一开始就进行生硬的推销，这只会让听众感到厌恶。

如果你想通过演说提升个人品牌的影响力，那你应该采用更为巧妙的营销方式，而非生硬推销。相对而言，"小道消息"会比"正式广告"更加容易让你的个人品牌形成传播效应。

清代道光年间，江苏一带经常举办庙会。每逢庙会，赶会者前呼后拥，络绎不绝，河面上的行船也增加了不少。一天，一位美貌的妇人坐船来赶庙会。船靠岸后，美艳不可方物的她自然吸引了无数人的目光。这位美妇很矜持，付了船资后，就急匆匆举步登岸，一不小心，一只脚踏入淤泥之中。

美妇顿时很窘，一脸的羞涩，抬头一看，发现附近有一座尼姑庵，于是在众目睽睽下急行入庵，消失于人们的视线之外。众人还在盯着尼姑庵的方向，余味无穷，似乎对美妇还没看够。这时船老大高声叫喊起来："糟了，这妇人所给船钱一百，却是阴间所用的冥资！"众人一看，果然如此，莫不大惊，于是急忙随船老大往尼姑庵与妇人理论。看热闹的、打抱不平的，也唯恐落后。谁知，在尼姑庵里，寻遍了所有的地方，却怎么也找不到刚才的那位妇人。众人都觉得很蹊跷，正要诘问庵中尼姑，船老大忽然看见庵中观音像的一只脚染满淤泥，众人大惊失色："难怪刚才这妇人遍寻不见。""坐船的美貌妇人一定是观音显灵！"

船老大惊诧之余，伏地叩首，将美妇所付的冥资焚于炉中。其他人无不合声诵佛，祈求观音菩萨保佑。此事不胫而走，一传十十传百。于是，原本门庭冷落的尼姑庵一改旧观，香火袅袅，布施多多，施主川流不息。十几年之后，这个故事的隐情外泄：原来当年的船老大和那位美貌妇人，都是庵中尼姑的托儿。美妇入庵后，立即将脚上淤泥移于观音足下，自己则卸妆改容，躲藏起来了。

上面的故事可谓道出了"公众传播"的精髓——不要生硬推销，而要巧妙营销。推销自己有两种方式：生硬推销（也叫直接途径）和巧妙营销（也叫间接途径）。如果是生硬推销，你就把自己的情况直接而强劲地说出来，申明你有怎样的才华和思想，吹嘘自己的成就，但这样的效果往往不尽如人意。而巧妙营销就是要有新意，摆脱庸俗宣传，制造一种让听众"不经意间"撞到的吸引眼球的新闻场景，形成自动自发的传播效应。

通过主持人来烘托

如何避免生硬而直接的推销？你可以通过主持人来烘托你。可以说，一场演说或讲座的成功，主持人非常关键。我曾经去某个企业讲课，为我主持的是该企业的行政部主管。糟糕的是，这位主管根本没有一点儿主持技能。场面非常混乱，在一片嘈杂声中，这位主管上台说："我们的培训开始吧，有请我们的专家上台为我们讲课！"没有介绍会议的主题，没有隆重地介绍讲师，也没有宣布会场的纪律，我就这样尴尬地上台了。然后，我不得不生硬地推销一下我自己，这样才让学员稍有兴致地听完了我的内容。

这让我得到了一个教训：在演说或讲课前，一定要和主持人对好介绍词。而且，我还总结主持人开场的"五指山"法：问候介绍、简介目的、推崇嘉宾、宣布纪律、请出主角（见图 2-5）。例如：

[问候介绍] 尊敬的各位同人，大家下午好！非常高兴能相聚在这里！

[简介目的] 沟通能力是领导力的重要组成部分，为了提高大家的沟通能力，公司特别组织了本次培训。

[推崇嘉宾] 今天我们特别邀请了×××老师为我们分享他的方法，×××老师有多年经验……（间接推销自己）

[宣布纪律] 为了保证课堂的学习效果，不影响他人，请各位

把手机调成静音或震动,如果有急事需接听电话的,请到外面接听(宣布纪律有利于保证讲课效果)。

[请出主角] 现在我们以隆重的掌声欢迎×××老师为我们讲课!

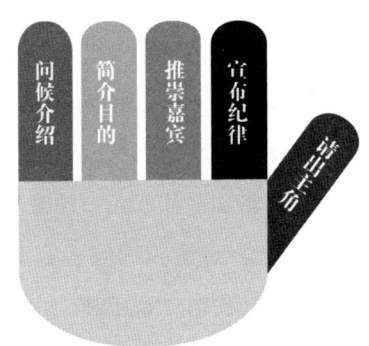

图2-5 会议主持开场方法

赋予名字一个说法

老子的《道德经》有云:"道可道,非常道;名可名,非常名。无名,天地之始,有名,万物之母。"名字是一个人的代号,是与其他人区别的依据,通常情况下它会伴随我们一生,从出生证明到墓志铭。在很多场合下,自我介绍的内容,决定了别人对你的第一印象,赋予名字一个说法能让别人对你印象深刻。比如,关于同仁堂名字来源的故事:

少年康熙曾得过一场怪病,全身红疹,奇痒无比,宫中御医却束手无策。康熙心情抑郁,微服出宫散心,信步走进一家药铺,药铺郎中只开了便宜的大黄,嘱咐泡水沐浴,康熙按照嘱咐,如法沐浴,迅速好转,不过三日便痊愈了。为了感谢郎中,康熙写下"同修仁德,济世养生",并送给他一座大药堂,起名"同仁堂"。

在自我介绍时，赋予你的名字一个说法的方式有很多，比如"谐音法""拆字法""借名法""寓意法""诗词法""构图法""故事法"等。

谐音法

谐音法主要是通过谐音来让我们的名字特殊、有趣，例如我在介绍我的名字时说："大家好！我叫厚朴，它是英文 Hope 的音译，带有希望的意思。"

拆字法

拆字法亦称字形分拆，它利用汉字可以分析拆拼的特点，对文字的形状、笔画、部首、偏旁进行增损变化或离合归纳。例如，我的好友帅兵自我介绍说："大家好！我叫帅兵，将帅的帅，士兵的兵，我的名字注定和战场有关。"

借名法

借助名人的名字来给自己背书。例如："大家好！你们都知道马云吧？我的名字比他要小那么一丁点儿，叫马小芸。"

寓意法

剖析自己名字的含义，然后综合提升其寓意。如："大家好，我叫晴凯，可能是我的父母希望我在大晴天打了胜仗，奏凯而归。"

诗词法

借用诗词来让观众记住你的名字。著名相声演员郭德纲在成名初期经常在舞台上这样介绍自己：床前明月光，我是郭德纲。还有，我的一位朋友经常这样介绍自己：春眠不觉晓，千里共婵娟。我的名字叫晓娟。

构图法

通过构建一幅场景，让观众记住你的名字，例如，相声演员马三立曾介绍自己时说："我是一匹马，而且是一匹用三条腿站立的瘸马。"

他用名字为我们勾画了一幅图。

故事法

将名字与故事联系在一起。我国现代作家张恨水，原名张心远。有一次他读了李煜《相见欢·林花谢了春红》末句"自是人生长恨水长东"后，醒悟到时间如流水，切不可让它在叹息中白白流逝。于是改名张恨水，作为对自己一生的鞭策。

给自己贴三个标签

要想让个人品牌和公众形象不走下坡路，你需要给自己贴上标签。标签就像品牌定位，让观众能够永久记住你。我们都知道，只有清晰定位的品牌才能走得长远。具有"男人的衣柜"标签的海澜之家现在年营业额已突破200亿元，而找不到清晰标签的无印良品却面临破产的命运。给自己贴三个标签，要具有独特性、趣味性和代表性。

独特性

你的标签具有独特性，才能和大众区分开来，像"男人""青年"这样的标签就不具有独特性，说了等于没说。比如有位培训讲师给自己贴的标签是"后知后觉""有恒心"等，就具有独特性，能够让人记住。

趣味性

如果你给自己贴的标签带有趣味性，观众更加容易记住你的标签。比如，在做自我介绍时，有人曾趣称自己是"喝酒艺术家""自拍专家"，等等，这样的标签就非常有趣。

代表性

标签要真正代表你的特质，真正做到"言行一致"，标签才能使用长久。如果你说自己是"自拍专家"，但实际你对自拍并没有多少兴趣，那么这样的标签对你而言，并没有长久的生命力。

运用联合背书法则

有这样一个故事：如何把一个农夫的儿子变成世界银行副总裁和石油大亨洛克菲勒的女婿？首先去世界银行，给他们推荐一个副总裁，介绍这个副总裁是洛克菲勒的女婿，世界银行一听这么有来头，就同意了。再去找洛克菲勒，和他说想给她女儿说门亲事，这个小伙子是世界银行的副总裁，洛克菲勒一听这么年少有为，就同意了。于是这个农夫的儿子就成了世界银行的副总裁和洛克菲勒的女婿。

你或许会觉得这个故事太荒诞，事情哪有那么简单？我们暂且不去探究故事的真实性，而来看看故事背后的道理，这个故事表达的是"借势"的重要性。一根稻草丢在路边就是垃圾，和白菜绑在一起就能卖出白菜的价钱，和大闸蟹绑在一起，就能卖出大闸蟹的价钱。

心理学上有个"联合背书法则"，即当人们结合成一个大的群体时，群体之外的人往往会基于他们对这个群体的整体印象来评价这个群体中的单个成员。当吸引力较小的人希望被认为具有较大吸引力时，他应该和有吸引力的人聚群。这个法则同样适用于演说和讲课，当你想提升自己的吸引力，希望听众对你的演说充满期待，你也可以运用它。比如有些讲师会展示和某名人的合影，并讲述背后的故事。

[要点提示]

想要推销你的个人品牌，你可以尝试这四种方法：通过主持人来烘托，赋予名字一个说法，给自己贴三个标签，运用"联合背书法则"。

仪式与联结：
建立听众情感联系的纽带

我的好友老胡是一位战略管理方面的专家，拥有过硬的专业功底，他给很多国内 500 强公司做过战略规划。但令他苦恼的是，他感觉自己不太会讲课，因为每次外出做讲座，他都感受不到观众的热情。我实地去听过一次他的讲座，如果你仔细听，他的内容是相当棒的，他的问题在于与听众的"联结"上表现欠佳。除了刚开始时的打招呼，其他时间都是在对着电脑讲他的专业知识，这难免让听众感觉到枯燥乏味。

老胡的讲座基本都在自说自话，很少与听众进行情感联结，这样的演说必定会失败。好的演说开头，演说者在点燃"导火索"、吸引听众注意力的同时，还会与听众建立情感纽带。不仅是在演说者与听众之间，还会在听众与听众之间建立联结。相互联结能促进演说者与听众、听众与听众之间的相互信任关系，从而让演说会场充满"磁力"，让整个氛围沉浸在一片轻松与开放当中。

你可以尝试以下方法建立你与听众的情感纽带：

一开始就进行眼神交流

眼睛是心灵的窗户，从眼神中我们能获得很多有用信息，而对一个演说者来说，我们自然也需要借助与听众的眼神交流来建立联系。很多人害怕当众发言和讲话，即便是上了讲台也是眼神躲闪，不敢和听众进行眼神交流。这不但暴露了你的不自信，而且无法与听众建立情感联结，也就很难建立信任。

当你与听众进行眼神交流时，既要"个体锁定"，又要"照顾四周"。什么意思呢？"个体锁定"是指你的眼神不能到处游移、飘忽不定，你可以选择某个区域的一两位观众进行眼神交流，你可以观察对方的神情变化。比如，对方出现点头、微笑等举动时，说明你进行眼神的交流已经产生效果。"照顾四周"是指你的眼神不要只看到一个区域或者一个人，这会失去和其他听众联结的机会。你应该将你的眼神不断变换着扫视每个区域，然后再与某个区域的一两位听众进行眼神交流。

增加仪式感

演说开始时，很多有仪式感的细节很容易被人们忽略，比如与听众打招呼的仪式，有的讲师上台后铿锵有力地跟听众打招呼："大家好！"然后台下的听众配合说："好！很好！非常好！"整个会场的听众瞬间变得精神抖擞起来。很多公司员工早上到公司，要相互拥抱，要开早会、跳早操。我们经常看到一些美容美发店的员工，早上手舞足蹈像疯了一样，有些人对这样的做法嗤之以鼻。其实早会不一定非要讲一些大道理。我们的目的是通过早会这种形式，告诉大家，我们要进入工作状态了，有的员工早上还没睡醒，像霜打的茄子，通过这样的仪式，来转变角色，提升大家的精神面貌，这对服务性岗位尤其重要。这些看似肤浅的仪式，其实有它内在蕴含的道理。在研究中发现，群体仪式可以使得群体成员之间的联结更加紧密和融洽。人们在仪式中获得身份认同和自我认同，有利于建立和谐的人际关系、增多积极的情感体验。

改变座位方式

把零散式座位方式变成小组式座位方式也能促进听众之间的联结，比如现在很多培训师习惯将"并列式"的桌椅摆放方式变成"鱼骨式"。"鱼骨式"是每组围着桌子坐，形成一个个"岛屿"的摆列方式。课桌摆放形式的变化反映的是讲师与学员、学员与学员之间联结关系的变化。"并列式"排列方式，是一对多的讲授，学员是分散的单个个体，不利于互动，讲师是绝对的权威，课件是标准化课件，课堂的主要功能就是学习知识和技能。而"鱼骨式"将学员分成小组，增强了学员之间的互动和联结，讲师不是高高在上的"一言堂"，课堂上显现的是一种共同探索和学习的开放模式。这种模式有利于营造一种开放式学习氛围，讲师在整个过程中，扮演的更像是一个引导者角色（见图 2-6）。

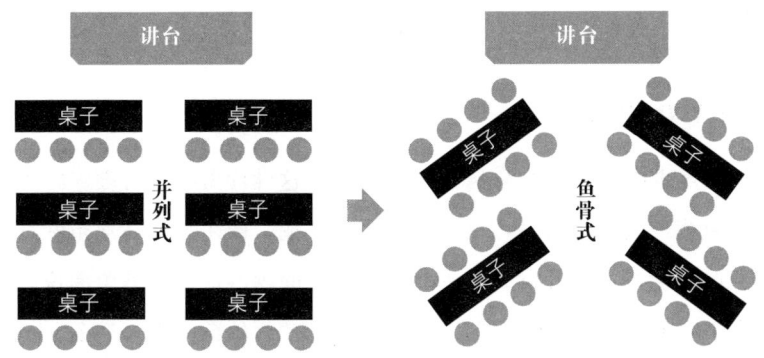

图2-6 观众座位摆放方式

设置破冰环节

听众之间产生联结的前提是"破冰",所谓"冰"是指人与人之间的成见和看法,成见和看法会转化为固定的信念,于是结了一层不易融化的坚冰。坚冰会降低组织的合作效率,阻碍组织的发展。"破冰"的环节设计就是要打破听众交往间怀疑、猜忌、疏远的樊篱。如果把人的意识比作一座冰山,看得见的部分在海平面以上,而更大的部分是隐藏在海平面以下的部分。"破冰"就是激活人的这种隐藏在海平面以下的潜意识。"破冰"成功与否对整个演说是否能达到预期效果至关重要。

"破冰"通常是讲师通过做一系列的"小游戏"来引导的,这些看似简单的游戏能在最短的时间内激发每个听众的潜能。资深的讲师更是注重每次演说当中的破冰项目,往往都是安排具有较深心理学技术的、内涵丰富的、感染力强的项目来进行破冰互动。对于一些平时不常在一起的听众,彼此接触不多,那么破冰就应多采取一些活跃团队气氛的、有一定的沟通和肢体接触的活动和项目。

建立游戏化机制

很多讲师为了让听众满意，故而将内容设计得丰富有趣。时不时搞个游戏或表演个节目，结果整个会场变成了娱乐秀，听众虽然在欢声笑语中度过，但并没有得到什么有价值的内容，这样整个演说就有些舍本逐末了。互联网时代，很多人都提倡"娱乐至上"，这当然没错。但我们要警惕，不能把"游戏化"理解成了"娱乐化"。娱乐化是替换内容，而游戏化改变机制，游戏化是将游戏的机制融入会场制度和规则当中，从而调动观众积极性。说简单点儿就是用游戏的机制和工具，让演说过程变得像游戏一样充满乐趣，令人容易坚持。成功的游戏化机制必须具备：目标、反馈和奖励。

目标

听众在过程中需要有明确的目标。比如让听众获得多少积分，解锁多少个徽章，在某排行榜达到多少名，等等。目标需要是渐进式的，过于宏大、难以一步达成的目标将容易给听众带来挫败感。大目标需要拆解为渐进式小目标，一步一步引导。同时，小目标最好可以形成难度上的递增，形成阶梯形挑战，维持听众的斗志。

反馈

对于目标进展的反馈和呈现是游戏化培训落地的基石。常用到的就是积分、徽章、排行。用积分来实现对有效学习行为的积累，用徽章来实现对里程碑的确认，用排行来实现对听众之中相对位置的标识。目标进展是量化的，每个行为需要有明确、具体的对应分值；目标进展也是可视化的,让听众可以直观地看到自己的进程,可以是在一个地图上的位移,也可以是到下一站的距离,反馈让听众对于整个过程拥有掌控感。

奖励

在听众达成目标后,需要有奖励作为激励和认可。奖励需要有即时性,强度也要与目标的实现难度相匹配,否则与期望的落差会让听众产生失望感,形成负面情绪。

比如在我的讲师训练营中,我会刻意加入游戏机制:

(1)在培训开始之前,把学员分成8～10个小组,每个小组用15分钟选出组长,讨论出小组的队名、口号,并在一张大白纸上画出自己的队标。

(2)每个小组设计出团队的队形,并上台展示,喊出团队口号。

(3)接着我会宣布整个培训期间的团队比拼规则,例如抢答问题并回答正确加2分,参加互动游戏加5分,等等。

我惊奇地发现,原本很容易令听者瞌睡、讲者疲惫的课程,通过加入游戏化机制,令每个人都精神十足。

[要点提示]

好的演说开头,演说者在吸引听众注意力的同时,还会与其建立情感联系纽带。不仅是在自己与听众之间,还会在听众与听众之间建立联结。

第三章

03

设定路线

——简要纲举目张

如果听众置身于一个会场，他们不知道接下来他们将花费多少时间、收获哪些内容、有哪些规则，那么他们的内心将会变得焦躁不安。这与茫茫大海上找不到方向的人们没有多大区别，你需要用"指南针"给听众们指引方向，清晰地设定你的"航行路线"，并让听众充满期待。

指南针：
设定演说路线，强化听众的兴趣

某天上午，总经理陈骏正在办公室阅读运营部的总结报告。突然办公室的门开了，原来是总经理助理小李，小李走到陈骏的办公桌前说道："陈总，我在贵州找到了一个做快消品的经销商，他们公司有20年的发展历程了。"小李停顿了一下，陈骏问道："然后呢？"小李继续说道："然后他们还是酒水流通协会的会员……"总经理最终忍不住地打断了小李："很抱歉，我手头上忙着呢，能否简单地告诉我，你想跟我说什么？"

在演说的时候，我们经常忘了设置"指南针"，从而导致听众坐立不安。"指南针"可以让航行的人们找到方向，踏实安心。在演说中，也需要"指南针"导引讲话进程，安抚听众。设想一下，如果听众置身于一个陌生环境，他们不知道接下来他们将花费多少时间、收获哪些内容、有哪些规则,等等,他们的内心将会变得焦躁不安,这与茫茫大海上找不到方向的人们没有多大区别。当听众失去耐心时,他们就会做出异常的举动,比如打断你的讲话或直接离开会场等。所以,为了你的讲话免受干扰,你需要在点燃"导火索"后,设置你的"指南针"。

"指南针"包含三要素:时间、内容、规则,即你将花费对方多长时间、告诉他哪些内容、有哪些规则约定。比如小李进了总经理办公室后,看到总经理正在忙,她的汇报首先可以是这样的:

陈总,上次您交代给我经销商调研的工作,看您什么时间有空,我想预约您10分钟的时间,向您汇报一下目前的进度、新的发现以及后续的对策。如果您想进一步深入了解情况,我会在汇报完后,给您提交一份详细的报告(见图3-1)。

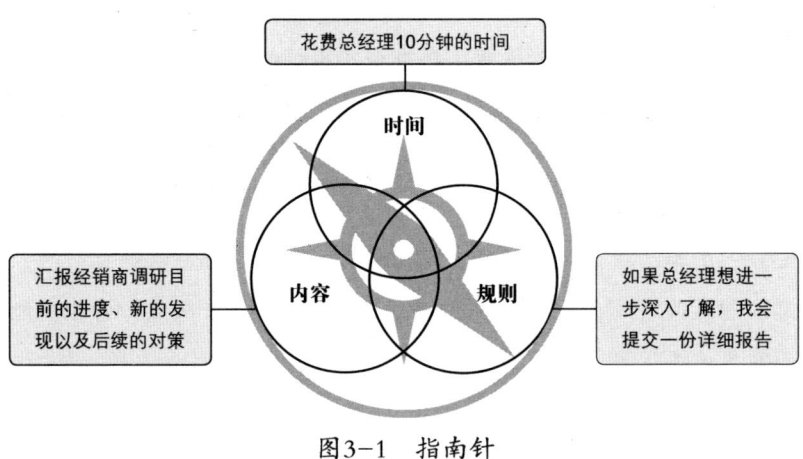

图3-1　指南针

告诉时间,建立预期

在物质丰富的时代,人们越来越重视自己的时间价值,比如很多人为了跳过电视剧前面的广告,而花钱充值爱奇艺、腾讯视频 VIP 会员。在演说开始时,告诉对方你将花费多长时间讲你的内容,能够让对方感受到你的尊重。每个人都希望得到别人的尊重,即便是你的粉丝也不例外。如果你认为你是讲师,可以肆意延长听众的时间,滔滔不绝地讲话,你的听众为了维护你的面子,可能少有直接跳出来打断你讲话的,但他们也可以听从自己的双腿——选择离开。因此,时间是"指南针"的第一要素。

前面我们说过,在具体展开你的内容之前,要点燃"导火索",引爆听众的动机。听众的动机会影响他们接下来的行动。如何引爆听众的动机呢?前面我们讲了两个方法:给听众一个问题和给听众一个机会,简单来说,就是让听众知道你的内容对他们来说具有什么价值。但根据教育心理学研究,除了价值外,听众对于获得价值的预期也会影响动机。比如,小明虽然知道学会编程对他的思维能力提升具有很大价值,但是每周要花费 72 小时学习课程,对他来说太难了,他根本没有时间。所以,预期也可能会削弱听众的动机(见图 3-2)。

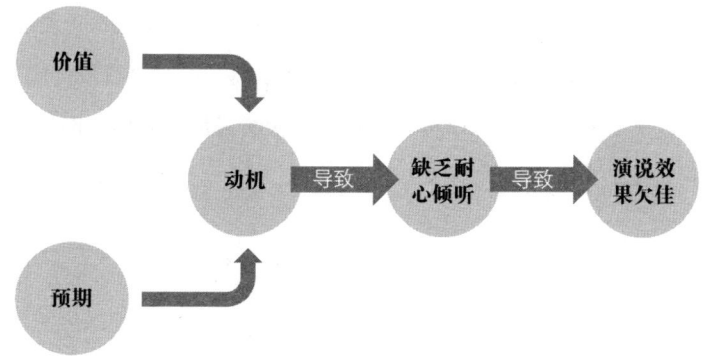

图 3-2 价值与预期共同影响观众的动机

告诉听众你将花费多长时间，其实就是给听众一个合理的预期，从而让他产生动机。比如小李说用10分钟的时间汇报一下要点内容，详细内容会在汇报完以报告的形式呈现，这比较容易让总经理接受。为了让听众在预期上感觉时间是容易度过的，在告诉听众你将花费多长时间时，有一个小技巧，就是运用"小数字"。"小数字"一般会让听众感到轻松，比如"半个小时"与"30分钟"。有的讲师用"72小时"替代"3天"，让人听着都累。

[要点提示]

　　教育心理学研究表明，除了价值会影响动机外，听众对于获得价值的预期也会影响动机。告诉听众时间就是要给听众一个合理的预期。

告诉内容，强化动机

"指南针"的第二个要素是内容要点，就是告诉听众你接下来要说的内容的要点是什么。比如"接下来，我用10分钟的时间说说我们公司的历史、现状和未来"。内容要点中带有"新发现""有效措施""本质原因"等这样的词，可以进一步强化听众的兴趣和动机。例如：

"我想用5分钟时间，向您汇报一下我的新发现。"

"针对您的问题，我将用半个小时的时间来介绍一下三个有效措施。"

"这个问题困扰您多年，我想用10分钟为您剖析一下本质原因。"

通过透露内容要点也可以强化听众的兴趣和动机，但是在概括你的内容要点时，你要围绕"听众想听什么"，而不是"你想讲什么"。一种是听众视角，一种是自我视角，我们可以通过下面的例子来对比这两种视角的区别：

【自我视角】接下来，我将用10分钟时间，讲一下"新证券法"的意义、内容和举措。

【听众视角】接下来，我将用10分钟时间，讲一下"新证券法"对我们来说意味着什么，它跟过去相比有什么变化以及对大家的行动建议。

为了让听众预期合理，你的内容要点也不宜过多，有的讲师在介绍时说："接下来，我要从九个方面展开谈谈这个问题。"我想大部分听众都要崩溃了。

【要点提示】

透露内容要点也可以强化听众的兴趣和动机，在概括你的内容要点时，你要围绕"听众想听什么"，而不是"你想讲什么"。

告诉规则，维护纪律

"指南针"的第三个要素是规则。为什么要宣布规则？不知道你是否有这样的经历：在你讲话的时候突然被别人打断，然后向你提问题；在你讲话的时候，突然听众的手机响了，然后所有人的注意力被牵引过去，等等。宣布规则的目的就是要让你的听众能够在接下来的时间里，全心全意地听你的内容。例如我曾经给公司新入职的伙伴讲"非暴力沟通"的课程：

[导火索] 伙伴们，大家好！在工作和生活中，你可能常常会遇到"暴力沟通"。比如，上级说："你为什么总是执行力这么差？"爱人说："你总是不够爱我！"父母说："你不如×××。"等。我们都难免会遇到语言暴力，以致爆发冲突与危机。那么，你该如何化解这些冲突和危机呢？

[指南针] 接下来，我将用1个小时的时间，讲讲"什么是暴力沟通"，"非暴力沟通对我们有什么好处"以及"如何使用非暴力沟通"。那么，为了保证学习效果，请大家把手机调为静音或震动状态。在我介绍完内容后，我会给大家预留15分钟的时间进行练习和讨论。

[百宝箱]（1）什么是暴力沟通……

（2）非暴力沟通对我们有什么好处……

（3）如何使用非暴力沟通……

[信号灯] 今天的课程结束了，但这只是一个起点，以后需要大家加强练习才能真正掌握"非暴力沟通"的方法……

> **[要点提示]**
> 宣布规则的目的就是要让你的听众能够在接下来的时间里，全心全意地听你的内容，这对于演说的成功也起着不可忽视的作用。

凡事讲三点，
让你说话有水平

"指南针"由时间、内容与规则三个要素构成，即你将花费多长时间，介绍哪些内容要点，其中有什么规则。介绍内容要点时，一般以三点为宜，比如"接下来，我将用1个小时的时间说说少儿常见病的分类、诊断以及预防措施。"为什么"讲三点"？因为三点是我们记忆的最佳点，再多了记忆就会开始变得模糊，人的注意力也不再集中。

现实中，我们常常遇到两种状况：①想说的太多；②没什么可说。第一种状况是你讲的要点太多，别人根本记不住，有时甚至你自己都会犯糊涂——我讲到第几点了？比如，有人这样抛出"指南针"："接下来，我来谈谈我的十二点看法。"我相信听到这时，现场的听众都感觉要崩溃了。所以，当你想说的太多时，你要进行归纳和整理，尽量合并同类项，把你的内容归纳成三点。

第二种状况就是没什么可说，东拉西扯，没有条理。我们当众讲话或者与人沟通，总是希望表现得专业、有水平。如果你说三点，就能够达成这种目的。比如，上级问你，我们马上要开一个招商会，你有什么建议？你说，我觉得我们要在三个方面做好充分规划，会议前要做好邀约，会议中要做好流程，会议后要做好跟踪，讲话的专业度是不是有所提升呢？那么，我们该如何训练自己"凡事讲三点"的讲话习惯呢？你可以参照以下的说话公式，提升你的讲话水平。

时间公式

发表观点或看法时，你可以按照时间顺序分三个部分展开，如"过去—现在—未来""短期—中期—长期""昨天—今天—明天"等。我在给某公司提战略方案时，就是按照时间公式分三个方面阐述的：

接下来，我将用10分钟介绍公司短期、中期和长期的行动计划：第一，短期要止损，果断关停没有战略管理的亏损性项目……第二，中期要探索营利性项目，维持公司的业务良性运转……第三，长期要完成公司的全面转型……

等级公式

你也可以按照等级分三个部分展开，如"初级—中级—高级""上—中—下"，等等。历史上曾有这样一个故事，就是分三部分来分析的：

王阳明奉朝廷之命前往福建平定叛乱，突然得到一个惊人的消息，南昌城里的宁王起兵谋反了。面对严峻形势，王阳明分析说："宁王的上策是趁着自己方锐之气，出其不意直趋京师，那么社稷就危险了；中策是直接攻打南京，大江南北也将会遭受伤害；下策是割据江西南昌城，这个时候他将处于皇上军队的包围下，鱼游釜中，只有死路一条。"

递进公式

你还可以按照由少到多、由浅入深的递进关系分为三个部分展开，如"少数—多数—全部""外层—中层—里层"，等等。在给某公司员工讲"远离舒适区"时，我就是按照递进次序分为三个区来讲解的：

人在面临任务的时候，心理上有三个区域：舒适区——能力范围内的事；学习区——稍微高出能力范围；恐慌区——远超现有能力范围。在学习过程中，尽量让自己离开舒适区。如果长时间停留在舒适区，能力基本上很难提高。以篮球来说，这就是为什么一个非常有天赋的篮球爱好者，在场上的水平永远比不上一个接受过专业训练的篮球运动员（即使他天资平庸），因为有天赋的篮球爱好者长时间停留在舒适区。篮球爱好者纯粹为了乐趣而打球，他们享受打球的过程，按照自己熟悉的方式，打着让自己舒服的篮球。而优秀的运动员可不是这样，他们经常在不舒服的位置，用不舒服的方式打球，目的就是克服自己的短板（见图3-3）。

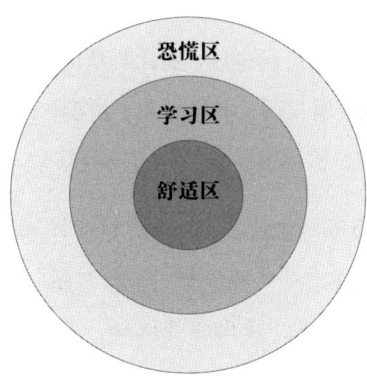

图3-3　离开舒适区

事件公式

当我们汇报某项工作或某个项目进展情况的时候，可以按照事件发展的顺序分为三个部分来讲述：背景—措施—效果。例如，某公司人力资源总监在向管理层汇报"销售人员薪酬改革项目"时，就是按这个公式展开的：

今天我向各位汇报一下销售人员薪酬改革项目的情况。我将用15分钟的时间给大家汇报一下这次销售人员薪酬改革的背景、措施和效果。

（1）改革背景：过去销售人员的薪酬方案激励性不高，优秀销售人员离职率较高，优秀人才的引进较为困难……

（2）改革措施：将销售人员的薪酬与销售额挂钩……

（3）改革效果：销售人员薪酬方案调整半年以来，落地效果良好，销售额与去年同期相比增长了30%，离职率降低了50%……

类别公式

把事物分成几个类别进行讲述，能让听众清晰地理解你要讲的内容，例如可以把店铺分为"增长型、平稳型和下滑型"，可以把企业分为"小型、中型和大型"等。如在讲述某公司市场战略时，我把它分为三类：

我们目前的市场可以分为三个类型：核心区域市场、泛区域市场、外区域市场，总体战略是"区域深耕、涟漪扩张"。首先是区域深耕，进一步巩固核心区域市场，强化品牌认知，不给竞争对手任何进入机会。其次，提升泛区域市场经营业绩，作为公司业绩增长的强力支撑点。最后，确保外区域市场能够维持自营自足，不成为公司的"失血点"。

角度公式

按照不同的角度来思考和讲述问题，能够让你说的话有条理，而且显得非常有水平，例如分析某个事物，你可以从"对立点""不同点"和"相似点"分别讲述；讲述未来计划，你可以分为"能做的""要做的"和"想做的"，等等。比如管理专家杨国安教授从三个角度来看待组织能力：

组织的能力由员工能力（会不会）、员工思维模式（愿不愿）和员工治理方式（许不许）三个方面组成。首先是员工能力，是指员工需具备与公司要求的组织能力相适应的思维和决策。其次是员工思维模式，即员工每天关心、追求和重视的事情要与企业的组织能力相匹配，上到公司高管，下到公司普通职员，都要遵循公司的思维模式和价值观。最后一个则是员工的治理方式，公司要有有效的管理手段，使得员工发挥所长，将公司战略贯彻到底，实现公司的经营目标。

参照以上说话公式凡事讲三点，可以让你从无话可说变得说话有条理、有水平，但我们也要切忌教条主义，因为任何知识的运用，都得看实际的情况。是不是要讲三点，要看场合、看时间、看话题、看对象、看自己的身份，你不可以不论何时何地都讲三点。有些时候，你只需讲一点，有时候你也可以讲两点，如果问题复杂了，你还得讲四点、讲五点，你需要学会灵活运用才行。

[要点提示]

介绍内容要点时，一般以三点为宜，当你感到无话可说时，你可以参照时间公式、等级公式、递进公式、事件公式、类别公式和角度公式。

幽默法则：
不要生硬地宣读规则

就在上个周末，陈医生开展了一场令他印象深刻的讲座。在讲座过程中，有一位听众气愤地夺门而出。现场发生了什么事呢？这还要从陈医生讲座的"指南针"说起，陈医生是这样抛出他的"指南针"的：

[指南针]接下来，我将用1个小时的时间，给大家讲讲×××，大家有什么疑问可以在我讲完后提出，请大家不要在我讲的时候提问，我不想被人打断（目光犀利地看着观众）。还有请大家把手机关机或者调为静音，如果待会儿有谁的手机响了，那么请你离开会场，这里不欢迎你（表情严肃）！

在陈医生说完"指南针"后，现场变得死气沉沉。然而讲座进行到一半，仍然有位观众的手机铃声响了，于是尴尬的事情发生了……

为了让演说免受干扰，你需要在"指南针"中宣布规则。宣布规则时，我们习惯了严肃的警告，但这种方式很容易激发听众的逆反心理，从而引起听众对你的反感，甚至导致尴尬的事情发生。如何避免听众产生逆反心理呢？你可以适当地采用"幽默法则"，比如让听众把手机调为静音或震动的时候，我的朋友 Lucy 是这样说的：

[指南针] 接下来，我将用 1 个小时的时间，给大家讲讲 ×××，那么请大家把手机关机或者调为静音，如果待会儿有谁的手机响了，我会用我愤怒的小拳拳锤爆它哦（全场观众都笑了）……

幽默与诙谐的表达往往能带给听众舒适感，让听众乐意去遵从你的规则。比如电影《战狼 2》拍摄镜头总数达 4000 多个，水下擒拿海盗、单臂挂飞车、枪战火花四射、坦克炮火连连、肉搏拳拳到肉，其危险系数也不言而喻。如何让全体剧组人员乐意遵守规则呢？我们可以看看当时剧组在非洲拍摄期间，全体人员需要遵守的"注意事项"（部分摘录）：

严禁擅自行动，请像高中女生一样结伴上厕所，若你执意单独出行，请提前将银行卡号码及密码告知你的家人，被黑曼巴蛇咬伤时，由于毒素传播很快，不知你是否能及时通知剧组的工作人员并呼叫直升机来救你。

中非工作人员时刻保持团结。如果交流不畅，请勿习惯性飙出你最熟悉的英语单词。请及时联系翻译人员，避免造成误解。

在拍摄狮子吃肉和追逐镜头时，狮子并不能 100% 分清你和肉，所以请严格听从摄制组指挥，做到比狮子还服从驯兽员安排。争取几人去，几人回。在野外拍摄期间，切勿擅闯陌生环境。切忌主动与野生动物、植物进行肢体接触等不在保险范围内的"碰瓷"行为……

[要点提示]

　　严肃的警告往往会造成听众的逆反心理，而幽默与诙谐的表达往往能带给听众舒适感，让听众乐意去遵从你的规则。

在演说中，每个演说者都知道幽默的重要性，但是很多人不知道如何让自己的演说变得幽默。如果你也有这样的困扰，你可以试试以下六种方法。

自嘲法

切忌通过贬低别人来抬高自己，唯一可贬低的就是你本人，俗称自嘲。自嘲不但会起到幽默的效果，还能拉近与观众的距离。例如，1990年中央电视台曾邀请我国台湾歌手凌峰参加春节联欢晚会。当时，很多人对他并不熟悉，而当他用自嘲法介绍自己后，就一下子被观众认同了，并受到了热烈欢迎。他是这样说的："在下凌峰，我与文章不同，虽然我们都获得过'金钟奖'和'最佳男歌星'称号，但我却是因长得难看而出名。一般来讲，女观众对我的印象都不太好，她们认为我是'人比黄花瘦，脸比煤炭黑'。"此言一出，观众便捧腹大笑。

反转法

第一点是正常的叙述，第二点是正常的叙述，等说到第三点的时候，一反常态，来个反常表达。因为当连续说两个观点的时候，听众会立马进入一个思维逻辑的自动连贯中，甚至第三点说到前半句时他们往往还没有从中跳出来，直到最后一个半句时，听众才从思维逻辑中跳出来，并感到了意外，从而带来幽默效果。例如前面我们说到"喝酒有四重境界"：第一重境界是"微醺"，第二重境界是"酣畅"，第三重境界是"酩酊"。当大家正在意犹未尽地想要听第四重境界时，演说者故作停顿，然后继续说道："那么第四重嘛，就是喝到最后直接'断片'了，第二天起床，啥也不记得了。"（全场观众大笑起来）

夸张法

夸张法用意在于以夸张而不现实的叙述，引述出表达者希望表达之意，从而达到幽默的效果。比如老婆问："老公，我们在这趟火车坐了多久了？"老公指着远处一位白发老翁说道："看到没？他刚上车的时候，头发还是黑色的。"夸张不只是体现在语言上，还可以体现在肢体动作以及神态表情上。我们在说话的同时再带上自己的肢体动作或者神态表情，稍微夸张一点儿，配合我们说的话，这样演说就变成边演边说，这就是一个带有幽默感的画面。例如，在讲《三国演义》中关羽单刀赴会的故事时，刘老师站在讲台上开始模仿关羽坐在马背上，一手拉住马的缰绳，一手提着青龙偃月刀。突然刘老师一拍马背，口中发出一声"驾——"，从讲台的一端蹦到了另外一端（全体学生已经乐得东倒西歪了）。

曲解法

曲解法也叫故意曲解法，就是明明知道对方不是这意思，偏偏表示自己领悟的是那层意思，从而达到幽默效果。例如，有一次记者在采访中赞扬袁隆平院士为"伟大的科学家"，袁隆平说："不是伟大，是尾（巴）大，尾（巴）大了也有好处，就是不能翘尾巴。"袁隆平十分诙谐地将"伟大"曲解为"尾大"，表现出自己谦虚的处世哲学。

错置法

错置法是指故意将一个情景中常用的词语用在另外一个情景中,从而产生幽默效果。例如,凭借《琅琊榜》《伪装者》等热播剧,胡歌火了。面对"全球最美50人""年度娱乐影响力人物"等多项大奖,胡歌谦虚地说:"现在的状态不是'火'了,是快要'上火'了。上火可不好,降火得开方子,得吃药。所有那些外在的光环,我根本不想接受。我们经常在一些动画片、漫画里面看到顶着光环的人,都是已故的人头上才顶着光环,所以顶着光环是很危险的事情,我不希望自己老顶着光环。我内心深处更想做一个人,而并非人物。"

对比法

通过前后、左右的意象对比,形成差别化体验,带来幽默效应。例如在一次电影发布会上,剧组演员大赞霍建华很会照顾人,是"暖男、暖神"。霍建华立即插话道:"完全不是,大家太褒奖了。再暖暖得过空调吗?"霍建华将自己的暖与空调的暖进行类比,说明自己不是暖男,再暖暖不过空调,不仅一下子展现了幽默,而且恰到好处地表达了他的谦虚。

> **[要点提示]**
>
> 要想让你的演说变得幽默诙谐,你可以试试以上六种方法。有意识地使用这些方法,会逐渐改变你的语言习惯,形成你自己的语言风格,从而让你变成"幽默体质"。

串联符与强调符：
让你的演说具有节律感

在过去的工作和生活中，不知你是否遇到过让你昏昏欲睡的演说或讲座，这些演说或讲座都有一个共同的特点——缺乏节律感。比如在演说和讲座中，如果讲话的人全程采用一个姿势或者音调，很容易造成听众视觉与听觉的疲劳。要想让你的演说持续抓住听众的注意力，你要让你的演说像音乐一般具有"节律感"。那么，如何让演说具有"节律感"？你可以用好两个"音符"——串联符与强调符。

"串联符"是指让演说内容具有连贯性的表达技巧，比如在词语上使用"那么""然后""接下来"等串词，让听众清晰地了解前后内容的关系。也可以运用扫视的眼神、走动的姿势等来告诉听众你要进入下一部分内容了。缺乏"串联符"会让听众感觉杂乱无章，听起来非常吃力。"强调符"是指让听众体会你的重要内容时的表达技巧，比如重复一遍、稍稍停顿一会儿或采用"下劈"的手势等，缺乏"强调符"的演说会让听众感觉抓不到重点。"串联符"和"强调符"可以通过词语、眼神、身体、手势、语速、音调的变化来实现（见表3-1）。

表3-1 "串联符"与"强调符"

	↻ 串联符	▲ 强调符
词语	串词	重复
眼神	扫视	注视
身体	走动	伫立
手势	左右	上下
语速	流畅	停顿
音调	低沉	高昂

词语：串词与重复

从上一个模块或章节转到下一个模块或章节时，尽量使用"串词"，例如"前面我们介绍了领导力的概念，接下来我们来说说领导力是如何测评的"。没有"串词"的话，会让你的演说显得语无伦次，以某位大学生的竞聘演说为例：

大家好！我推荐自己当班长。我的兴趣是做有意义的事，别人的赞许会让我感到快乐。我以前就做过一些班级管理的工作，班级管理的工作不算复杂，需要耐心和细心才能做好，我有很多闲暇时间，我想为班级做一点儿贡献……

上面的表达缺少"串词"，让人感觉缺乏条理。那么，加上"串词"后呢？

大家好！我推荐自己当班长。（首先）我的兴趣是做有意义的事，别人的赞许会让我感到快乐。（其次）我以前就做过一些班级管理的工作，（虽然）班级管理的工作不算复杂，（但是）需要耐心和细心才能做好。（最后）我有很多闲暇时间，我想为班级做一点儿贡献……

讲话不同于写作，文章由于有分段，读者读的时候可以分清层次，而讲话时如果你不用串词来明确提示，听众很难分清你讲话的逻辑与层次。

有句话说"重要的事情说三遍"，当你要向听众强调某项内容时，你可以采用"重复"的方法。比如在上面的例子中，如果你想要强调"耐心和细心"，你可以再次重复：

虽然班级管理的工作不算复杂，但是需要耐心和细心才能做好。是的，需要耐心和细心才能做好（强调并让观众记住这点）。

眼神：扫视与注视

当你从一个点说到另外一个点时，你可以移动你的视线，扫视整个会场的听众，提醒他们我们要进入下一个部分了。而当你要强调某个观点时，你的眼神需要坚定的注视，而不要"游移"，你可以注视在某个区域，然后铿锵有力地说出你的结论。

身体：走动与伫立

当你从一个点说到另外一个点时，你可以自由地移动你的身体，但当你要强调某个观点时，最好不要来回移动你的身体，这会让听众眼花缭乱，从而削弱你的观点呈现出来的力度。你应该停下脚步，并庄重地站在那，然后有力地说出你的观点。

手势：左右与上下

串联符一般采用"左右"的手势，比如说到第一条时，你可以用摊开的双手指向左边，接着你可以把双手比画到右边，然后说道："那么，第二是……"从左到右或者从右到左的横向比画手势，可以给人一种串联和衔接的感觉。强调符一般采用"上下"纵向的手势，比如敲定了某件事情为啥叫"拍板"呢？上下纵向的手势给人一种确定的感觉。所以，当你要强调某个观点时，你可以采用"下劈"的手势，或者你可以抬起你的右手，将你的食指指向天空说道："只要……一定……"

语速：流畅与停顿

串联符一般采用流畅的语速，而强调符可以利用停顿的力量。停顿有许多好处。你可以拿它来填补接不上词的空档，用停顿来代替"哦""这个"之类的口头语，让语言更纯粹，更重要的是突出观点。大家可能听说过国画"留白"的技巧，为了使整个作品画面、章法更为协调精美，画家有意留下相应的空白，不仅留下了想象的空间，而且突出了图面中的主体。

停顿一般用在重要观点前后或者问句之后。用在重要观点前后可以突出你的观点，而用在问句之后可以让听众产生期待。停顿可以吸引听众的注意力，在听众精神更专注的时候，再讲出你的观点或答案，会有出乎意料的效果。以下是三种可以强化演说效果的停顿方式：

1. 自然停顿

自然停顿防止你的演讲看起来像背诵过或反复演练过。例如,当你想要假装寻找最好的词或词组时,你可以套用这种停顿。你同样可以在你想要强调的任何词或词组之前做一个自然停顿。比如下面两句话,你先一口气不做任何停顿地读完,然后带着感情在有强调符的地方稍做停顿,感受一下其中的区别(见图3-4)。

图3-4 自然停顿强调重点

2. 短停

短停,一般持续两秒左右,可以隔开观点,给听众时间去理解你的观点。在你提出一个问题时,也可以采用短停的方式,吸引听众的注意力,然后再抛出你的观点。比如,在讲座的开头,杨老师向听众提出一个问题:大家知道为什么三伏贴要贴四贴吗?(稍做停顿,眼睛注视着听众)。

3. 长停

时长超过三秒钟的停顿是有力的。它迫使听众去思考你刚才所说的话,或心生期待你会如何结束你的下一个观点。

丘吉尔一生最精彩的演讲,也是他最后一次演讲,演讲的题目是"成功的秘诀"。当时整个会场有上万名学生和其他听众,正迫不及待地要听这位伟大首相的励志演说,感受伟人的风采。丘吉尔在他的随从陪同下准时走进了会场，慢慢地迈着自信的步伐登上讲台。他穿着厚重的外套，戴着黑色的礼帽。在听众的欢呼声中，他脱下外套交给随从，又慢慢地摘下帽子从容地放在讲台上。丘吉尔默默地注视着听众。过了一分钟，他打着"V"形手势向听众致意，会场顿时安静下来。

又过了一分钟，丘吉尔语重心长地说道："Never give up！"（永不放弃）全场响起了热烈的掌声。良久，他挥动着手臂，又打着"V"形手势，会场再次安静下来。他铿锵有力说道："Never give up!"这次他呼喊着，声音响彻整个会堂。丘吉尔说完，慢慢地穿上外套，戴上帽子，他转过身准备走下讲台。又停顿了一分钟。丘吉尔转过身来，依然默默地看着听众。接着，他又开口了，这次声音更加洪亮："Never give up!"丘吉尔再一次停顿下来，他那刚毅的眼中饱含着泪水。

音调：低沉与高昂

当你要强调某个观点时，你也可以通过变化音调来达到目的，比如突然让你的声音变得低沉或者高昂。听众的注意力会被你瞬间吸引，并注意到你说的内容上面来。

> **［要点提示］**
>
> 要想持续抓住听众的注意力，你要让演说像音乐一般具有"节律感"。你必须学会使用两个"音符"——串联符与强调符。

第四章

04

发现价值

——中间丰富饱满

到演说中间时，你的"探索之旅"已经驶入了主要航线。如何让听众感到不虚此行？你需要打开"百宝箱"。何谓"百宝箱"？就是要让听众发现新价值，让听众具有获得感。要么收获思想，要么收获故事，要么收获方法，总之，你要让听众有新的收获。

百宝箱：
展示价值，增强听众获得感

试想一下，你正带领你的船员进行一次探索航行，如何才能让他们不至于扫兴而归？那就是大家在途中发现了惊喜，这个惊喜就是"百宝箱"！演说的主体内容也要有"百宝箱"，让听众有获得感，才能让他们感到不虚此行。

何谓"百宝箱"？就是你的演说要给予听众有价值的"干货"。要么让听众收获新思想，比如小米创始人雷军提出互联网思维"七字诀"——专注、极致、口碑、快。要么让听众收获新故事，比如乔布斯在斯坦福大学的演讲，共讲了三个故事，让听众印象深刻。要么让听众收获新方法，比如做健康讲座时，很多讲师会现场教会大家一些穴位按摩方法等（见图4-1）。

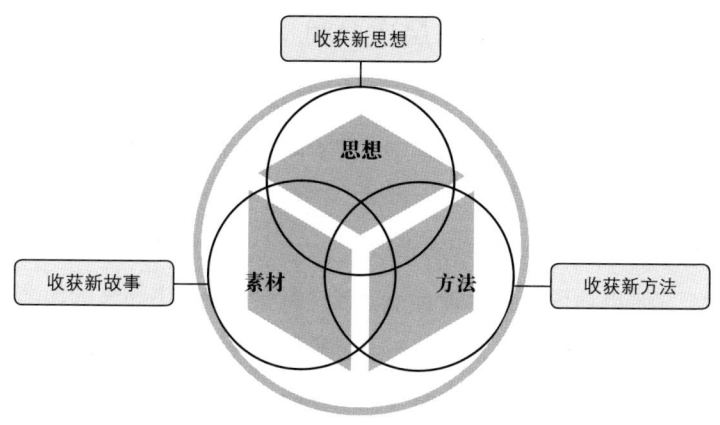

图4-1 "百宝箱"的三个要素

有些人误认为打造丰富饱满的"百宝箱",就是要拼命地添加好内容,以至于有些内容与演说的主线毫无关系。主线之上附加太多的主题是不可取的。当你匆忙用摘要的形式讲完多个主题时,产生的后果就是,所有内容都毫无穿透力。内容庞杂其实等同于阐述不足,正确的做法是你必须把你要涵盖的主题简化成一根主线,并围绕这个主线的要点,使用生动的语言、精彩的故事、鲜活的案例、形象的比喻、有趣的试验等进行多样化呈现,使你的演说主线丰富饱满。

【 要点提示 】

丰富饱满的"百宝箱"并不是指要主题多、概念多、内容多,而是围绕演说主线的要点进行多样化呈现,内容庞杂只是等同于阐述不足。

言之有序：条理清晰，层次分明

在表达思想、观点、素材及方法时，要条理清晰、层次分明。你可以按照"金字塔原理"来设计你的表达结构，先说结论，再分别汇报你的论据材料（见图4-2）。

1. 未按金字塔原理组织的思想

杰克来电话说他3点钟有一个客户需要接待，不能来参加会议。约翰说他不介意晚一点儿开会，把会放在明天开也可以，但9点以前不行。丽莎的助理说，丽莎明天上午才能从澳门赶回来。会议室今天已经有人预定了，但明天下午还没有人预定。会议时间定在明天下午似乎比较合适。您看行吗？

2. 按金字塔原理组织的思想

我们可以将今天的会议改在明天下午开吗？因为这样对杰克和约翰都会更方便，丽莎也可以参加，并且本周只有明天下午会议室还没有被预定。

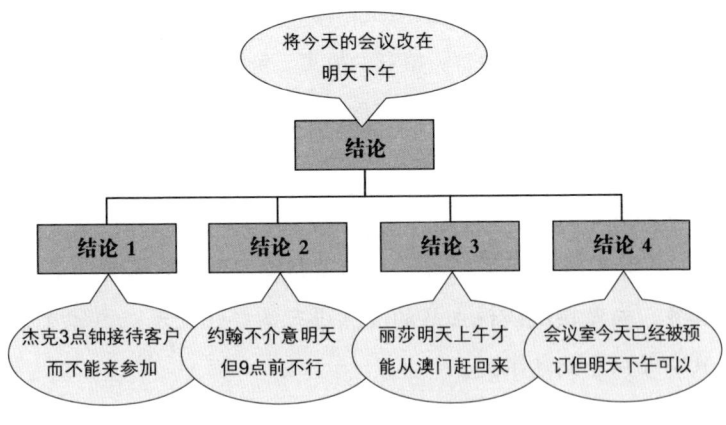

图4-2 金字塔表达结构

言之有理：启迪心智，引人思考

阐述新思想和新观点时，要逻辑自洽，言之有理。有些演说者为了吸引听众注意，故意抛出一些令人感到意外的观点和结论，但是后面又无法用清晰的逻辑解释清楚，也没有用有力的素材进行佐证，从而导致了听众的反对和抨击。你可以抛出一个令人好奇的观点，但是你需要对它进行合理的解释或有力的论证。为了让你的表达言之有理，你还可以引用大家公认的权威来佐证你的观点，比如安妮医生在分析疾病时，会引用《黄帝内经》里面的句子：

《黄帝内经》中说："五脏六腑皆令人咳。"意思是说引起咳嗽的原因有很多，五脏六腑出现问题都有可能引起咳嗽。我们一定要找到引起咳嗽的真正病因，才能对症下药。

言之有料：论据充足，材料恰当

当你提出一个新思想或新观点时，不要干巴巴地说教，而要用恰当的材料来进行说明和佐证。材料选用切合演说场合，要适合听众的文化程度，还要符合听众的心理需求。要注意事实材料的真实性，切忌胡编乱造，比如把鲁迅的名言警句安到了雷锋身上。还要注意材料与观点的一致性，特别是内涵丰富的材料，一定要仔细斟酌。比如小米创始人雷军的演说（部分摘录）：

怎么样把口碑做好呢？很多人很快就想到了"口碑营销"，可是你一旦想到营销，这件事情就死了，你首先要想，什么样的东西才有口碑。我看完这本书就去了海底捞。跟其他火锅店一样，海底捞的环境很嘈杂。但让我惊讶的是，海底捞的服务员有着发自内心的笑容。其他的服务性行业，比如民航业，空姐们虽然比海底捞的服务员更漂亮，制服也更好，但是，她们常常是一种皮笑肉不笑的状态。相比之下，海底捞服务员的笑容真的能够打动人。

我就问海底捞的服务员："你当个服务员有啥好笑的呢？"她跟我说："我40多岁下岗女工，一直找不到工作，结果海底捞录用了我，七八年前就给我每月4000元的工资，我睡觉做梦都会笑醒。"我对此很受触动，海底捞连员工都感动了。所以我决定，小米的客服，在北京首先能比同行平均工资高30%，4000块钱起，不惜代价，最高能到一万二。如果我不能对员工好，员工会怎么对我们的客户呢？

言之有情：富含情感，打动人心

我们知道演说需要清晰的逻辑，但光有逻辑是不够的，还需要融入情感，逻辑能够令人信服，而情感才能穿透人心。那么，如何让你的演说有情感呢？

（1）以敞开的状态，投入真实的情感。马云说："普通人用嘴巴讲话，聪明的人用脑袋讲话，智者用心讲话！"真正能够打动人心的演说，不是演说逻辑有多么缜密，而是演讲者以敞开的状态、最真实的情感，直接连接分享。

（2）尽量使用富有情感的句子，比如描述某人紧张状态时说"他很紧张"就不如"他的手心出汗了"更富有情感。

（3）利用语音的抑扬顿挫，语音的这个特性是文字所无法代替的，也是吸引听众注意力的好方法。抑扬顿挫就是语音的升调、降调、停顿和转折，例如：

第二天早晨，这个小女孩坐在墙角里，两腮通红，嘴角上带着微笑。她（停顿）死了，在旧年的大年夜（停顿）冻（停顿）死了。（《卖火柴的小女孩》）

言之有度：把握分寸，圆融会通

言之有度，就是要把握好说话的分寸，避免踩到"言语地雷"。演说没把握好分寸主要有以下表现：

（1）说话带偏见。做出对一些人和事物带有偏见的评论，比如有的销售讲师在推介自己的产品价值时，赤裸裸地贬低竞争对手的产品，导致听众非常反感。

（2）使用带有歧义的词汇。比如在过去"小姐"这个词是个褒义词，而现在显然使用"小姐姐"会更加合适。

（3）喋喋不休。有句谚语说得好："神赐人一张嘴，两个耳朵，就是要人多听少说。"言之有度还包括对内容延展的尺度把握，有些演说者从一个点延展开后，就开始天马行空收不回来了。

（4）口无遮拦。公开泄露他人的隐私，有意夸大他人的错误，不懂得适可而止，不给他人留有余地。

言之有趣：幽默诙谐，鲜活生动

说话有趣是一项非常重要的能力。再有哲理和内涵的东西，如果不能采用一种有趣的方式去表达，而是枯燥而乏味地陈述，也难以成为"千古绝唱"，只能躺在发黄的历史扉页中，成为考古学家研究的参考资料。

抖音上一条题为"现行的世界地图有太多假象"的短视频,共收获了185万个赞,播放量累计超过4760万,获得用户普遍好评。该视频作者为抖音知名科普达人"地球村讲解员",现已收获1200万粉丝。

像这样广受用户欢迎的案例还有很多,他们的成功都有一个共同的特点,那就是他们都掌握了互联网时代知识传播的"性感姿势"——有趣。以新奇、有趣的形式讲解高深的专业知识,在内容与形式两个方面降低了知识传播的门槛,拉近了知识传播者和受众之间的距离。

言之有用:直击痛点,学以致用

了解听众的需求和痛点,围绕听众的需求和痛点打造"百宝箱",让听众可以学以致用。有用的内容一般分为以下几个类型:

1. 深刻见解

你所讲的内容要有助于听众了解周围的世界及事物的运行规律,能让听众对周围世界及事物运行规律有个新的认识。比如在小米成功之后,"不要用战术上的勤奋掩盖了战略上的懒惰"的见解在企业界风靡,而且指导了很多创业者站到战略高度来思考问题,这就是深刻见解的力量。

2. 行动指南

你所讲的内容要对听众的工作或生活有指导意义,这样会让听众感到有所收获。比如在某次讲师训练营上,有位学员向我提问,她说她的孩子非常叛逆,大人讲的道理完全不听,问我她该怎么办。我向她详细了解了情况之后,给了她一些参考建议。之后我发现她每次听我讲课都很积极，而且非常认真地做笔记。

3. 解决方案

学来的知识或者了解到的产品，如果没有足够的机会去实践，自然也是没多大用的。在"百宝箱"中提到某个问题后，你还要为观众提供解决方案。比如很多视频直播网红会采用对比试验的方法，将自己的产品与观众普遍使用的产品做效果对比，让观众感受到自己产品的价值。

[要点提示]

遵循"7有法则"可以让你的"百宝箱"充满魅力，让听众有获得感，让他们觉得不虚此行，你的演说也就能形成口碑效应。

提炼关键词，
让演说具有层次

　　Uber创始人特拉维斯·卡拉尼克2015年9月7日在清华大学发表了"伟大创业者的8个特质"的主题演讲，以下是演讲内容的部分摘录：

　　我从大学一年级起就成为一名创业者。我当时就读于加州大学洛杉矶分校电子工程和计算机科学专业。我好像从来没考虑过作为创业者意味着什么，但我的确一直就是一个创业者。我想，如果回到一个理工类大学的校园和各位同学谈谈成为一个真正的创业者都需要哪些特质，是十分有趣的事情。我要讲的，不仅仅是如何成为一个创业者，而是如何成为一个伟大的创业者。以下，我将分享伟大创业者的8个特质：

　　首先是目标（幻灯片上显示"Purpose"一词）……伟大创业者

的第二大特质，就是要能够发现魔力所在（幻灯片显示"Where is the magic？"）……作为创业者，你必须选择做最难的事，其他人未必能做到（幻灯片显示"What shard about it?"）……善于辨别感知和真相之间的差异，是创业者必须具备的另一个特质（幻灯片显示"Perception vs. reality"）……第五个特质，我称之为分析力与创造力（幻灯片显示"Analytical-creative cross"）……是的，你有了好的想法，有很好的创意，但还面临商业推广的问题。您需要知道如何把东西推向市场（幻灯片显示"Going to market"）……哪怕被人一次又一次地否定，你仍能享受每个时刻（幻灯片显示"Enjoying the ride"）……第八个特质我称为冠军思维（幻灯片显示"The champion's mindset"）……

特拉维斯·卡拉尼克讲"伟大创业者的8个特质"时，提炼了8个主要的关键词，并用幻灯片简单地呈现，让听众印象深刻，同时又感觉收获满满。过去我们阅读文章或听演讲，常常容易忘记其中的内容，而且也很难从中获取有用的信息，主要就是因为文章或演讲缺乏关键词。提炼关键词，简单来说就是把具有一定数量的信息凝聚成几个"符号"，通过该"符号"把这些信息简化记忆下来。没有关键词的演说就是一团乱麻，无法让听众捕捉到关键要点。举个例子：

有位患者急匆匆地冲进了医院院长的办公室，大声嚷嚷并要求讨个说法。院长停下手中的工作，站起来招呼患者坐在办公室的长椅上（患者从激动的状态慢慢平静下来）。院长微笑着走过去，坐在患者身旁，让患者慢慢说。院长耐心地倾听并不时地点头（患者气愤的情绪好转），院长说道："我猜您一定等得有点儿着急了，您的心情我理解……"最后，患者气愤的情绪彻底消失了。

要从院长处理医患纠纷的例子中学到东西，最好的方式就是提炼关键词。从上面的例子中，我们可以提炼出以下关键步骤：

（1）低位坐下（让患者坐下，避免站着对立的姿势）。

（2）用心倾听（微笑、点头）。

（3）共情表达（理解患者感受的表达）。

提炼关键词能够让演说内容具有层次感。不但让听众容易记住演说内容，还能提升你的演说水平，让听众感受到你的逻辑概括和语言精练能力。那么，我们该如何成功地提炼出关键词呢？

概括主旨

提炼关键词的第一步就是概括演说的主旨，也就是演说每个部分的要点，比如销售精英迈克提炼了自己维护忠诚顾客的四个方法（准备对新人培训）。

第一，了解顾客使用后的意见或者满意的地方，对好的地方加以重点突出推广，不好的地方及时改进。这样做可以对自身的产品有更清晰的了解和定位，使产品在竞争中具有优势。

第二，想要维护、提高顾客的忠诚度，提升服务很关键。因为，忠诚度并不是一次的交易就可以形成的，而是通过顾客购买产品后，不管顾客在哪种情况下遇到产品难题，你都能在第一时间站出来为顾客解决问题逐渐积累起来的。

第三，经常性地对顾客进行拜访跟进，保持与顾客的熟悉感。

例如在节假日或者重要的日子里,通过发信息或者邮件的形式给顾客发送祝福,让顾客感受到你的关心。你需要不断地对成交顾客进行定期性的回访跟进,活跃在顾客眼前,这样在下次合作的时候顾客才会想得到你。

第四,在与顾客打交道中,要言行一致和信守承诺。当你答应什么时候给顾客解决问题,或者什么时候给他们发送产品,都应该按时完成,这样会让顾客觉得你有诚信而值得信赖。

缺乏关键词,演说内容会显得杂乱无章,而且很难被听众记住和吸收。我们可以尝试给上面四段话提炼主旨:

第一,了解顾客使用后的反馈,推广好的方面,改善不好的方面;
第二,第一时间站出来为顾客解决问题;
第三,经常性地对顾客进行拜访跟进,保持与顾客的熟悉感;
第四,与顾客打交道中,要言行一致和信守承诺。

词语凝练

虽然提炼出了段落主旨,但仍然不易被记忆和传播。你需要对主旨内容进一步凝练。比如,上面四条主旨内容你可以凝练成下面的要点(见图4-3)。

第一,重视顾客体验后反馈;
第二,及时为顾客解决问题;
第三,与顾客时常保持联系;
第四,服务过程中信守承诺。

> **1 重视顾客体验后反馈**
> 了解顾客使用后的意见或者满意的地方，对好的地方加以重点突出推广，不好的地方及时改进。这样做可以对自身的产品有更清晰的了解和定位，使产品在竞争中具有优势
>
> **2 及时为顾客解决问题**
> 想要维护、提高顾客的忠诚度，提升服务很关键。因为，忠诚度并不是一次的交易就可以形成的，而是通过顾客购买产品后，不管顾客在哪种情况下遇到产品难题，你都能在第一时间站出来为顾客解决问题逐渐积累出来的
>
> **3 与顾客时常保持联系**
> 经常性地对顾客进行拜访跟进，保持与顾客的熟悉感。例如在节假日或者重要的日子里，通过发信息或者邮件的形式给顾客发送祝福。让顾客感到你的关心。你需要不断地对成交顾客进行定期性的回访跟进，活跃在顾客眼前，这样在下次合作的时候顾客才会想得到你
>
> **4 服务过程中信守承诺**
> 在与顾客打交道中，要言行一致和信守承诺。当你答应什么时候给顾客解决问题，或者什么时候给他们发送产品，都应该按时完成，这样会让顾客觉得你有诚信而值得信赖

图4-3 提炼关键词后的层次感

言辞修饰

为了让关键词更加"性感"，更加具有趣味性和传播性，你还可以进一步将关键词进行提炼和修饰。例如：

（1）重反馈——重视顾客体验后反馈；

（2）解问题——及时为顾客解决问题；

（3）常联系——与顾客时常保持联系；

（4）守承诺——服务过程中信守承诺。

提炼完成后，你还可以给这个方法起一个简单易记的名字——十二字诀。顾客维护的十二字诀就是"重反馈、解问题、常联系、守承诺"。对比一下最初的段落，你的内容是否更加具有层次感，更加容易被记忆，更加容易传播呢？

金句法则：
思想传播的正确方式

一种思想，之所以得到传播，首先不是因为它是对的，而是因为它有趣。同样是表达"行业大势的重要性"，孟子曾说"虽有智慧，不如乘势"，鲜有人知晓。而小米创始人雷军说"台风来了，猪都会飞"，却燃爆了整个朋友圈。在辅导上百位演讲者时，我发现了一个很有意思的现象：一个10多分钟的演讲，你要是没有一个金句，不论你讲了多少，可能听众啥都记不住。有趣的金句才是演说思想和理念传播的正确方式！

看看以下文化思想和理念用词，你是否似曾相识：

创新、诚信、合作、共赢、团结、仁爱、博学、廉洁、自律、勤奋、细心、拼搏、高效、严谨、尊重、人本……

我对不同类型的企业文化理念做过简单的统计：80%的制造型企

业文化理念里有"创新"这个词；90%的医院文化理念里有"仁爱"这个词；80%的贸易型企业文化理念里有"诚信"这个词，等等。这些文化思想和理念，被挂在公司的文化墙上，写进了公司制度文本里，唯独没有走进员工的心里。我曾问一家年产值300亿元的上市公司的员工："企业的价值观是什么？"结果让我非常吃惊，很多员工都没有完整或准确地说出来。我把这种大同小异、没有独特性、用词平淡、内容空洞乏味、不易记忆的思想和理念表达方式，称为"A型"表达方式。

普通人在表达思想的时候，往往采用"A型"表达方式，结果演说内容枯燥乏味，不被记忆、不被传播。而演说高手能够把思想演绎得生动有趣，往往能变成一个金句，例如朱升给朱元璋的计策"高筑墙、广积粮、缓称王"，脍炙人口，流传史册。金句往往具有独特性、带有情感、有号召力、有画面感并且容易传播，我称之为"B型"表达方式。

我曾担任北京杰威咨询股份公司策略总监，并带领项目组成员给清澜山学校提案。提案之前，项目组一直思考一个问题：清澜山学校的文化理念核心是什么呢？清澜山学校是由华为和清华附中共同办学，清澜山学校应该传承华为公司和清华附中的共同精神，那么这个精神是什么呢？我们最终选择了"创新"这个精神。华为是中国科技型企业的领头羊，注重研发和创新。清华大学是中国高等学府之一，一直引领着民族的思想。"创新精神"是这个学校被赋予的独特文化内涵。但是，直接提出"创新"有用吗？看看中国大大小小的企业文化墙上，无论有没有技术，都在标榜着企业的创新，创新变成了一个烂大街的词汇，我们必须找到独特的思想表达方式。最后，我们提出"尝试，一切可能"作为"创新"的替代。人类学会行走、获取火种、祛除疾病、远征大海、翱翔蓝天，等等，创新就是要不断地去尝试，一切的创新都源自"尝试"。这个提案获得了清澜山学校校长的高度认同。

让思想和理念从幻灯片上走进听众的心里，首先需要"性感"的表达，那么思想和理念表达如何做到"性感"呢？如表4-1所示，可以采用B型表达方式。

表4-1 "A型"与"B型"表达方式

A型	B型
大同小异	有独特性
严谨理性	带有情感
内容空洞	有号召力
平淡乏味	有画面感
不易记忆	容易传播

有独特性

思想和理念的表达要有独特性，独特性就是具有独特风格的表达方式，容易识别和记忆。比如华为提出的"以奋斗者为本"，而不是"拼搏进取"，像创新、拼搏、进取、勤奋这样的词，不具有独特性，很难具有亮点。

带有情感

思想与理念的表达要带有情感，带有价值取向。例如，你要号召听众"廉洁奉公"，情绪就很平，而说"敢贪公款，必砸饭碗"，就带有情绪性，带有强硬的态度和情绪，就能震慑人心。

有号召力

思想和理念的表达要有号召力，要有行动。比如，某公司的文化理念只提出一个字——快，快研发、快生产、快销售，等等，而并没有用"高效执行"这样的词语。就像有一个人在督导组织效率一样，语言具有号召力。

有画面感

思想和理念的表达要有画面感。比如，很多医院里都用"仁爱"这个词，但是"仁爱"没有画面感，如何指导医生的行动呢？所以，我曾经在一家医院做培训时，用"良医益友父母心"来诠释。什么样的医生是个好医生，像朋友一样，像父母一样，看见病人生病，会像父母看到小孩生病一样着急。

容易传播

思想和理念的表达要容易传播，容易传播的思想和理念，更容易落到人们的行动上。平时朗朗上口，潜移默化地就会影响人们的行为。比如采用押韵、对仗形式的句子，更容易使思想和理念不胫而走、口口相传。

> **[要点提示]**
>
> 一种思想，之所以得到传播，首先不是因为它是对的，而是因为它有趣。你需要把你的思想打磨得生动有趣，有趣才是思想传播的正确方式。

普通人讲道理，
高手都在说故事

有两种类型的演说者——X 型和 Y 型。X 型演说者是通过"讲道理"的方式将思想和理念灌输给观众。他们最常用的语言范式是这样的：

我们对待客户要诚信，对待同事要诚信，对待合作伙伴也要诚信。一个人没有诚信，在社会上很难立足，在公司也很难立足。一个没有诚信的人，朋友会远离他，同事会远离他，客户也会远离他……

而另外一种是 Y 型演说者，他们主要通过"讲故事"的方式来诠释自己的思想和理念。比如"王永庆卖大米"的故事：

王永庆卖米多是送米上门，他在一个本子上详细记录了顾客家有多少人、一个月吃多少米、何时发薪等。算算顾客的米该吃完了，就送米上门；等到顾客发薪的日子，再上门收取米款。他给顾客送米时，并非送到就算。他先帮人家将米倒进米缸里。如果米缸里还有米，他就将旧米倒出来，将米缸刷干净，然后将新米倒进去，将旧米放在上层。这样，米就不至于因陈放过久而变质。他这个小小的举动令不少顾客深受感动，铁了心专买他的米。

人们更容易记住、更容易被打动的是故事，而不是道理。故事能流传、被记诵，是因为蕴藏其中的情感、智慧和逻辑。X型演说者期待用理性的方式说服观众，达到目标。这种直奔目标的方式，往往很难达成目标。Y型文化传播者，他们关注听众的感受和体验，通过讲故事的方式打动听众，他们并不像X型演说者那样直奔目标，而是选择一种曲线的方式来达到目标（见表4-2）。

信息碎片化时代，演说的首要目标是对听众注意力的争夺。选择是否倾听的"开关按钮"掌握在听众手上，如果演说内容枯燥乏味，听众可以立马选择关闭倾听的"按钮"。为了吸引听众的注意力，我们可以通过图片、动画、音频、视频等形式向人们讲述故事。

表4-2　X型与Y型演说者

X型	Y型
讲道理	讲故事
入脑，理性说服	入心，情感打动
直奔目标	关注过程体验
内容空洞乏味	有情景，有冲突
结果——知道	结果——做到

我曾给学员们讲"刻意练习"这个话题时，讲了这样一个故事：

很多读者问我：如何快速积累自己的工作经验？在回答这个问

题之前，首先讲一个关于我高考的故事：在高三以前，我的成绩比较差，每次摸底考试都没上过500分，在班上排名总是处于倒数几名。然而，我高考却考了近600分，突破了一本分数线，这让很多人都非常意外。

高三那年，我从同桌身上发现了一个"秘密"。我的同桌被同学们视为学习天才，因为他并不像大多数人一样用功，却总是能考全班第一。每次他考600多分的时候，我却只考400多分。在我拼命做习题的时候，他却像个没事人似的东翻翻、西看看。我这么拼命，结果却是这样，我感觉这也太没天理了吧，难道我真的不是读书的料？

然而，偶然有一次向他请教问题时，我发现他对课本上每个知识点都非常熟悉，甚至能说出某个知识点在课本的第几页、第几行。他虽然没有像我那样埋头做题，但他对课本上的知识点却没有盲区。而我呢？埋头拼命地做题，往往是在做重复练习（喜欢自己会做的题，害怕和逃避自己不会做的题），结果会做的题已经会做，不会做的题还是不会做，这就是低效的重复练习。

从那开始，我把那些习题册、参考书放一边，回归到课本上来。只要发现自己没有搞懂的知识点，就跟它"死磕"，直至搞懂为止，然后再找20—50道围绕这个知识点命题的习题来练习，就这样我将每个知识点一一过关，接着我的成绩就开始发生突飞猛进的变化。上大学后，我做了一份家教的兼职工作，用同样的方法带教了一位基础较差的高二学生，并帮助他如愿以偿地考上了大学。

直到后来，我才知道这种离开自己舒适区进行强化训练的方法，叫作"刻意练习"。有的人有几年工作经验，但是大部分时间都在无意识地重复自己已经做过的事情；有的人只有一两年的工作经验，但是每天花费大量额外时间做刻意练习。决定水平高低，并不是工作时间，而是真正用于刻意练习的时间……

讲故事要循循善诱，要设置悬念，要有冲突和转折。如果上面这个故事变成这样呢？

很多读者问我：如何快速积累自己的工作经验？其实就是刻意练习，离开自己舒适区进行强化训练的方法。我高考能考上大学，就使用了刻意练习的方法。在高三以前，我的成绩比较差，每次摸底考试都没上过 500 分，在班上排名总是处于倒数几名，后来通过刻意练习让成绩突飞猛进。这个方法是我的同桌告诉我的。每次他考 600 多分的时候，我却只考 400 多分。在我拼命做习题的时候，他却像个没事人似的东翻翻、西看看。在我向他请教问题时，我发现他对课本上每个知识点都非常熟悉，甚至能说出某个知识点在课本的第几页、第几行。他虽然没有像我那样埋头做题，但他对课本上的知识点却没有盲区。而我呢？埋头拼命地做题，往往是在做重复练习（喜欢自己会做的题，害怕和逃避自己不会做的题），结果会做的题已经会做，不会做的题还是不会做，这就是低效的重复练习。有的人有几年工作经验，但是大部分时间都在无意识地重复自己已经做过的事情；有的人只有一两年的工作经验，但是每天花费大量额外时间做刻意练习。决定水平高低，并不是工作时间，而是真正用于刻意练习的时间……

第一个版本的故事带有戏剧性且充满张力，在刻意练习这个方法被巧妙地揭示之前，故事的铺陈似乎让人难以置信，而后又让人恍然大悟。第二个版本的故事听起来则是一团糟，由于过早地揭示答案而扼杀了故事的戏剧性。那么，我们该如何讲好一个故事呢？我总结出引、冲、转、揭、合五个步骤（见图4-4）。

图4-4　设计好故事五步骤

第一，引。是指铺陈背景，包括时间与场景，故事的主角等。

第二，冲。是指冲突或阻碍，比如某位有口吃的人想要提升演讲水平。

第三，转。是指反转，接着发生了意想不到的转折，把故事推向高潮。

第四，揭。是指揭开谜底和结局，提出新的见解或方案。

第五，合。是指总结道理，引出感悟，输出一个价值观。

比如下面这个故事就充分体现了这五个步骤，我常常用它来启发学员深入分析问题的思维：

[引]上帝把羊放在草原上，分为两群，一群在南，一群在北。上帝对羊群说："你们有两种天敌，一种是狮子，一种是狼，你们

可以任选一种,要狼,就给一只,任它随意咬你们。如果你们要狮子,就给两头,你们可以在两头狮子中任选一头,还可以随时更换。"这道题的问题就是:如果你也在羊群中,你是选狼还是选狮子?很容易做出选择吧?好吧!记住你的选择,接着往下看!

[冲] 南边的羊想,狮子比狼凶猛得多,还是要狼吧!于是,它们就要了一只狼。北边的羊想,狮子虽然比狼凶猛得多,但我们有选择权,还是要狮子吧!于是,它们就要了两头狮子。狼进了南边的羊群后,就开始吃羊。狼身体小,食量也小,一只羊够它吃几天。这样羊群几天才被追杀一次。北边的羊挑选了一头狮子,另一头则留在上帝那里。这头狮子进入羊群后,也开始吃羊。狮子不但比狼凶猛,而且食量惊人,每天都要吃一只羊。这样羊群天天都要被追杀,惊恐万状,羊群赶紧请上帝换一头狮子。不料,上帝看管的那头狮子一直没有吃东西,饥饿难耐,一下子就扑进羊群,比前面那头狮子咬得更疯狂。南边羊群庆幸自己选对了天敌,又嘲笑北边的羊群没有眼光。

[转] 北边的羊群换哪一头都比南边羊群悲惨得多。它们索性不换了,让一头狮子吃得膘肥体壮,另一头狮子则饿得精瘦。眼看那头瘦狮子快要饿死了,羊群才请上帝换一头。这头瘦狮子经过长时间的饥饿后,慢慢悟出了一个道理:自己虽然凶猛异常,一百只羊都不是对手,可是自己的命运是操纵在羊群手里的。羊群随时可以把自己送回上帝那里,让自己饱受饥饿的煎熬,甚至有可能饿死。想通这个道理后,瘦狮子就对羊群特别客气,只吃死羊和病羊,凡是健康的羊它都不吃了。

[**揭**]为了能在草原上待久一点儿,狮子竟开始百般讨好起羊群来。北边的羊群在经历了重重磨难后,终于过上了自由自在的生活。南边的羊的处境却越来越悲惨了,那只狼因为没有竞争对手,羊群又无法更换它,它就胡作非为,每天都要咬死几十只羊,这只狼早已不吃羊肉了,它只喝羊血,还不准羊叫,哪只叫就立刻咬死那只。

[**合**]这个故事告诉我们,很容易得出的答案往往不是正确的答案,事物的真相需要深入的逻辑推理。

[要点提示]

人们喜欢故事是一种本能,考古学的有力证据表明,人类的心智与讲故事是同步发展的。好故事带有戏剧性,且充满张力。

巧用类比，
让艰涩概念通俗易懂

培训师艾菲在给学员讲"高效能人士的七个习惯"中的"以终为始"时，有学员不解地问："什么是以终为始？"艾菲老师是这样解释的：

以终为始是一种反向思维方式。就是从最终的结果出发，反向分析过程或原因，寻找关键因素或对策，采取相应策略，从而达成结果或解决问题。

学员仍然露出疑惑的表情。艾菲老师继续解释道：

简单的理解，就是做事要有结果导向。但是，很多时候我们做事都是没有结果导向的。就好比三个人种树，一个人挖坑，一个人放树苗，一个人填坑。结果有一天放树苗的人生病了，于是就变成了一个人挖坑，一个人填坑，完全做了无用功。在工作当中，我们何尝又不是这样呢？每个部门、每道岗位都只顾盯着自己的"一亩三分地",往往辛苦付出,但没有达成最终预期的结果。

在解释"以终为始"这个概念时,艾菲老师使用了"类比"的方式,让艰涩的概念变得通俗易懂。巧用类比可以让听众更加容易接受你的思想,这种技巧乔布斯用过很多次,在某次产品发布会上,他说:"我们今天推出用于手机的首款12GB的存储卡。它拥有500亿个晶体管。如果把每个晶体管想象成一个蚂蚁,那把它们头尾相连起来,可以绕地球两圈。这个存储卡对你来说意味着什么呢?可以存6个小时的电影。而如果存音乐的话,这个容量足够你听着音乐去一趟月球再回来!"

运用数字

如果你要描述某个东西的大小、长短、强弱等,不要用那种听众听起来感到很专业的词汇,你可以用一个"形象的数字"进行类比。比如某奶茶的广告"一年卖出7亿多杯,连起来可绕地球两圈",还有乔布斯提出的"把1000首歌装进你的口袋",等等。这些都是运用"形象的数字"的类比。

某位患有肠胃疾病的患者问道:"医生,您让我忌口,冰凉的不能吃、辛辣的不能吃,这让我感到很困扰。"医生说:"假如你平时只能挑100斤的担子,现在让你挑200斤,你感觉怎么样?"患者说道:"那我肯定要被压垮啦!"医生继续说道:"你现在脾胃本来就弱,它也只能挑100斤的担子,消化粥和蔬菜它还能应对,可你要是让它挑200斤,吃冰凉和辛辣的食物,那它还能承受吗?"听完医生的话,患者点着头离开了。

描述场景

在销售学中有一个有趣的"FAB法则",F是指"特色",A是指"优点",B是指"益处"。意思是我们介绍产品时,先说这个产品有什么特色,然后说这个特色有什么优点,然后再说这个产品对顾客有什么益处。比如,这个文具盒是不锈钢材料做的(F),它的优点就是耐摔(A),这样你的孩子使用的时候就不易摔坏了(B)。说到这,其实还不足以打动顾客,你还可以描述场景,用场景类比的方式打动顾客。比如,小孩都有好奇心,他们也很容易摔坏东西,我家里堆了很多孩子摔坏的玩具,所以在给孩子选物品的时候啊,我总是首选耐摔的。还有我上学时做兼职导购的例子:

在我上大学的时候,我去联想的销售店做兼职导购。当月我卖掉了300多台笔记本电脑,并成为月度销售冠军。核心秘诀就是在我的销售话术里,大量地采用了这个技巧。比如在卖Thinkpad的某个型号时,它的键盘有一个特点(F)——防水凹槽,这个防水凹槽的优点(A)是"水倒在键盘上,会从凹槽里面流出来,而不会侵入主板",这意味着,当你不小心把一杯水洒在键盘上,电脑也丝毫不会受到影响(B)。

我还准备了一个生动的例子:有个顾客跟我说,要是早买了这台笔记本,他就要省好多事了。因为有个同事不小心把水洒到了他的笔记本上,结果把主板烧坏了,导致他电脑上的资料没法显示,而他当时有个重要的会议要参加,结果整个会议他都是无比尴尬和坐立不安。

形象比喻

用听众熟悉的场景或者事物打比方，可以让听众形象地认知事物及其变化的规律。比如德国投资家安德烈·科斯托拉尼一贯认为：经济的基本面是决定股市长期表现的根本，而股市中短期的涨跌，90%是由于人们的心理因素影响所导致的。为了形象说明这个道理，他在演讲时说：

有一个男子带着一只小狗在街上散步，这只小狗先跑到主人前面，再回到主人身边。接着，又跑到前面，看到自己跑得太远，又折回来。整个过程，小狗就这样反反复复。最后，男子和小狗同时抵达终点，男子悠闲地走了1000米，而小狗却前前后后跑了4000米。男子就是经济基本面，小狗则是股市。

实物类比

在演说中展示实物，并进行类比，可以更形象有力地打动听众。例如在一次公益募捐动员会上，一个演讲者这样说：

我们大家都来看看摆在讲台上的这一盆鲜花，它颜色鲜艳、形态美丽，还发出诱人的香味，它的美丽和芳香是品种优良、土壤肥沃、阳光雨露滋润、花匠辛勤劳动共同造就的。虽然它们是优良品种，可一旦失去土壤、阳光雨露和人们的精心呵护，它们会有怎样的命运呢？它们将没有机会绽放，它们将过早地枯萎，它们将无以带给这个世界美丽与芬芳。

现在在我们生活的这个地区，有一些学龄女童，她们聪明、美丽、渴望读书，她们就像这盆花一样可爱，但是贫困使她们失学。她们就像失去肥沃土壤、阳光雨露的花儿一样，不能正常地生长，她们聪慧的大脑不能用于学习，她们不能学到谋生的技能和建设国家的知识……让我们敞开爱心，为她们做一点儿捐赠吧！我们的捐赠将使她们获得受教育的机会，获得正常生长的环境！

> **[要点提示]**
>
> 　　在演讲中，若能巧妙运用类比来论证观点，不仅可以使演讲生动形象、幽默风趣，而且会让说理透彻有力，更令人信服。

增强演讲
说服力的七种方法

演说的目的就是使人行动,即便"百宝箱"再有吸引力和感染力,如果缺乏说服力,也不能算是真正好的演说。那么,如何让"百宝箱"有说服力呢?可以参考以下七种方法:

逻辑推理法

在推理论述中,如果最初的假设是对的,那么有效推导出的结论也一定是对的。如果你能令人信服地向某人做推理论述,那么你植入别人心灵的思想就会在那里生根,永不消失。那应该怎么做呢?你必须分解成一个个小步骤,每一步必须完全令人信服。推理法的一般表述结构是"如果—那么",如果 A 是对的,那么显然,B 也是对的。推理法经常在咨询公司的提案中看到,例如:

如果品牌影响力是决定新开店铺业绩增长的主要原因,那么在有品牌辐射的地区，新开店铺应该呈现业绩增长趋势才对。然而，令人惊讶的是，在有品牌辐射的地区，超过半数的新开店铺呈现业绩下滑趋势。显然，品牌影响力并不是决定新开店铺业绩增长的关键。

排除错误法

排除错误法，这种方法非常有效。首先你抛出错误的观点或方案，然后揭示出其中的矛盾之处，如果那些观点不成立或者方案行不通，那么你的观点或方案的正确性就会得以彰显。你可以从一个问题入手，然后去寻找问题可能的答案，再一一进行排除，直到仅剩一个可行的答案，这个方法经常被演说者采用。比如某位管理专家的演讲：

专家：老人在海边的沙滩上搭了一幢房子，引来沙滩上玩耍的小孩捣乱，他们捡起石头往老人的房子上扔。这非常影响老人的生活，请问有谁能帮助老人解决这个烦恼吗？

有人举手回答：老人可以训斥孩子！

专家：没错，这是一个方案，老人也这么做了，他打开门对着外面咆哮，但孩子们觉得很有趣，反而扔得越起劲了。

又有人举手回答：老人可以给孩子们糖果，让他们别扔。

专家：嗯，这也是一个方案。老人后来也这么做了，但孩子们要的糖果越来越多，而且老人不给的话，他们就开始变本加厉地扔石头。

专家：那么，老人究竟是如何解决这个烦恼的呢？一天老人招来所有的孩子，给了每个人一块钱作为扔石头的奖励，孩子们都很开心。但是，第二天老人只给了孩子们每人五毛钱。人群里马上就听到声音说："五毛钱也太少了吧，明天我不想来扔了。"到了第三天，老人不再给孩子钱了。人群里马上有人说："不给钱，谁扔石头。"结果到了第四天，再也没有小孩来扔石头了。

以退为进法

为了达到说服听众的目的，在演说时不妨有意识地退一步，先肯定对方的观点，在获得对方信任的基础上再寻找机会，通过摆事实、讲道理等方法巧妙地提出你的观点，变退为进、化守为攻，从而最终说服听众。

公元前44年，罗马统帅裘利斯·恺撒被罗马贵族刺杀，为首的是深受他信任的布鲁图。作为主谋的布鲁图还恶人先告状，在公共讲坛上大谈杀死恺撒的必要性，同时把自己说成是正人君子，民众都被他所蛊惑，这时马克·安东尼却用演说说服听众接受了他的观点。他采用的就是先退后进的策略。面对布鲁图蛊惑人心的演说，面对不明真相的市民，安东尼心里清楚，此时，他既不能马上歌颂恺撒，又不能立刻攻击布鲁图。于是，他说："我是来埋藏恺撒，不是来赞美他的。"然后他又开始赞扬布鲁图，这样的演说无疑适合当时的气氛，不会引起听众的反感和反对。随后他才开始自己的演说，摆出一个一个的事实，讴歌恺撒的伟绩，一层一层地剥去布鲁图身上的画皮，在场的市民渐渐地被他的演说打动了。

事实案例法

有了事实和案例，你的话才能更具说服力。在演说中，要尽量使用客观事实和真实案例代替你的主观感受。比如当别人问你的优点时，你会怎么说？你可能会说：我是一个勤奋、爱学习的人。但是，这样说的效果肯定是不太好的，因为你说的"勤奋""爱学习"都是你的主观感受。拿自己的主观感受说服听众，当然是不可行的。要想说服听众，从客观角度出发，给出事实和案例，更容易达到目的。以上面的问题为例，你可以告诉对方这样的事实案例：

每个月，我一般要看3—5本书籍，并且把书中的内容要点画成思维导图。每天早上我一般是5点起床，5点到7点，我会用来写作，每天坚持写作大概2000字左右。晚上的时候，我经常观看网络视频课程，每次都学习到10点以后才上床睡觉。

权威背书法

当你想要给别人提建议时，如果你直接告诉他，他未必认同。但如果你这样告诉他：有位名人说……他可能会更愿意接受你的建议。这是为什么呢？这种现象在心理学上被称为"权威效应"。我们重视那些地位高、有威信、受人敬重的人所说的话，并相信他们的正确性。我们会认为权威给出的都是好的示范，跟随权威会让自己有安全感，不容易出错。所以，当你想说服别人时，引用权威人士的说法或做法，比你直接说更能让对方信服。比如，在和患者沟通中，引用《黄帝内经》《神农本草经》里面的经典句子，会让你所说的内容更专业、更具有可信度。

权衡利弊法

人的本能是趋利避害的，如果我们要就某一件事说服听众，可以通过分析这件事的利与弊来改变他们心中的天平，引导那些持有不同意见的人接受你的观点，并转为支持你。

某患者跟医生抱怨说："控制高血压的药不想服用了，这样太花钱了，我都这岁数了还怕啥！"

医生说："高血压属于慢性病，如果不吃药控制，怕产生并发症，比如脑血栓、脑中风什么的。不吃药控制目前是可以省点儿钱，怕就怕到时候严重了要卧床，不但要多花钱不说，自己还要更遭罪，又要连累子女照顾。"

听完医生的话，患者以后乖乖地遵照医嘱吃药了……

引用数据法

引用真实可靠的数据，也可以增加你的演说的可信度。比如马云在内部讲话谈到"现在人口是一个资源"时就利用了这一点：

互联网只要有人口就好。世界上人口太多是一个负担，但其实，现在人口是一个资源。澳大利亚有的是矿产，但经济搞不起来，就2000万人口，搞不起来。中国13亿人口，人口就变成是一个资源。对蒙牛来讲，我告诉你，你们最大的资源就是13亿人口，2000千万人口要做蒙牛不可能。中国一定会诞生这样的乳业巨头。网络必须要有13亿人口的支撑，中国没有基础建设，我们把它建起来。蒙牛当时也没有配送，也是这么一点点建立起来的。我们没有想到前面9年建了以后，我们变成全中国电子商务的基础建设者。我们的基础建设是什么概念呢？我们如果把自己当作房地产开发商，我们其实只做 3 件事情，房地产里面的水要用我们的，电要用我们的，煤气要用我们的管道，其他我们不做。我们希望 3 年、5 年以后，所有的传统企业，如果你想做电子商务，就要跟我们阿里巴巴接上。水电煤是什么？就是访问量。

[要点提示]

演说的目的就是使人行动，即便"百宝箱"再有吸引力和感染力，如果缺乏说服力，也不能算是真正好的演说。

EDPF循环：
实操性方法教导四部曲

在某次中医养生知识讲座中，安妮医生准备在讲座中教学员三个穴位按摩方法。她还精心准备了PPT，在PPT中插入了每一个穴位的图片。在讲座过程中，安妮医生展示了这些穴位图片，并现场给学员做了演示。一个月后，安妮医生对学员做了一次简单的测试——看学员对三个穴位的掌握情况。结果令她十分失望，没有一名学员通过测试。

把演说的中间部分打造成"百宝箱"，就是要让听众收获新思想、新故事或者新方法。所以，我们会在演说中教给听众一些实操性的方法，比如中医养生讲座会教听众一些穴位按摩的方法。既让听众有所收获，又增加了课堂的互动性和趣味性。但是，很多讲师并没有掌握有效带教听众的方法，比如，安妮医生以为通过PPT展示，然后加上自己的解说和演示，听众就可以学会了，事实并非如此！真正有效的教导要经过四个步骤：解说（Explain）、示范（Demonstrate）、演练（Practice）和反馈（Feedback），我把它称为"EDPF循环"（见图4-5）。

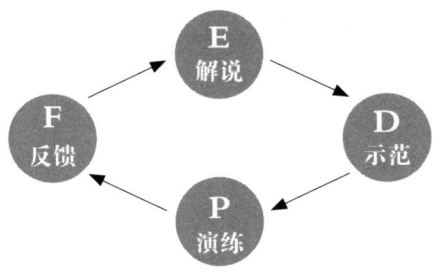

图4-5　EDPF循环

比如在疫情期间，我们经常要教别人"七步洗手法"，如果用"EDPF循环"方法来教学的话是怎样的呢？专业的培训师是这样教学的：

【解说】大家好！现在我们来学习"七步洗手法"，有人说"七步洗手法"要求的洗手方式感觉很复杂，记不住怎么办？我们可以牢记一个口诀——内外夹攻大力丸。那么，第一步准备洗手液、肥皂、洗洁精，手指并拢，掌心相对搓揉，简称"内"。第二步是手心对手背，交替搓揉，简称"外"。第三步是把你掌心相对，手指交叉搓揉，简称"夹"。第四步把你的四指弯曲交替在掌心搓揉，简称"攻"。第五步：拇指在掌中交替搓揉，简称"大"……

【示范】为了让大家更直观地了解和学习，我先给大家演示一遍（一边示范，一边解说步骤及要点）……

【演练】那么，现在请大家开始练习一遍，我们请两位伙伴到讲台上来示范一下好吗？有哪位伙伴自告奋勇？……

【反馈】很好！大家似乎都做到了，那么请大家开始演示一遍，我来检查大家是否做到位了（挑选几位听众进行一对一反馈，并纠正）……

有了这"四部曲"，你带教的效果是否会好很多呢？而且与观众互动的张力是否更强了呢？

解说

在解说某个实操性方法或技能时，首先要把方法或技能分解成一些关键步骤，如"普通伤口处理"可分为五个步骤，其次要说出每个步骤的关键点及原因是什么，让听众不但知其然，而且知其所以然（见表4-3）。

表4-3 普通伤口处理

方法与技能	步骤	关键点及原因
普通伤口处理	第一步：止血	抬高伤肢（有利于静脉血回流，血流循环好）
		用消毒棉纱压盖在伤口上
	第二步：清洗	用棉花棒蘸生理盐水，清洗伤口至完全干净
	第三步：消毒	用棉花棒蘸碘伏，由内向外"环形"擦拭
		用棉花棒蘸生理盐水，将碘伏洗干净
	第四步：上药	用棉花棒蘸适量消炎药擦拭
	第五步：覆盖	取比伤口大一点儿的"消毒纱布"，覆盖在伤口上
		贴上胶布

示范

首先要分步骤进行示范和解说，给听众演示第一个步骤，可以让听众跟着你的示范进行练习，同时解释该步骤的关键点及原因。接着，给听众演示第二个步骤、第三个步骤，等等。记住，解释每一步的原因非常重要，让听众知其所以然才能让他们学得更透彻。比如"七步洗手法"

中有个步骤是把四指弯曲交替在掌心搓揉，很多人不知道弯曲四指的目的是让手指的皱褶平整，从而可以洗到皱褶里面。于是四指随便一弯，导致动作做得不到位。分步示范和解说后，再把步骤串联起来示范。

演练

在你示范的过程中，让听众跟随你练习非常重要。缺乏练习不但难以掌握该技能和方法，而且缺乏互动感。很多讲师讲课常常只"培"（培育）不"训"（训练）。"培"只是让人"知道"，而"训"才能真正让人"做到"。很多讲师授课时，课程一讲完，学员一鼓掌，然后发一下考试试卷，再做一个满意度调查，培训就结束了，整个培训缺乏一个练习的过程。从"知道"到"做到"，中间需要大量练习。比如我们学开车，并不是教练教一遍你就会了，还需要练习才能上路。

反馈

没有反馈的练习，就相当于踢球没有球门、考试没有答案一样——无法通过结果来纠正和诊断学员的学习情况。以减肥为例，大家觉得对于减肥来说，什么比较重要？有人说是运动，有人说是少吃，这些固然重要，但我认为"电子秤"也非常重要，因为它是反馈减肥效果的工具。如果天天减肥，却完全不知道减肥的成效，那么减肥成功就会相当困难。

【 要点提示 】

真正有效的方法与技能教导要经过四个步骤：解说、示范、演练和反馈。做到这四步不但能让听众学得更透彻，还能增强与听众的互动效果。

第 五 章

05

点亮未来

——结尾号召行动

拿破仑说过:"最后五分钟决定兵家成败。"演说也同样如此!峰终定律告诉我们,听众在演说结尾时的体验会影响演说的整体评价。演说结尾时,你要给听众营造一种甜蜜的感觉,给听众"彩蛋"或者"惊喜",为他们点亮一盏"信号灯",照亮黑暗、召唤行动,就像满载而归的船只看见岸边的灯塔,让他们沉浸在对未来的憧憬当中。

信号灯：
点亮一盏灯，制造峰终体验

在我们的工作和生活中，常见三种错误的演说结尾方式。第一种是"宣告结束式"，就是内容讲完之后，直接宣布结束，这种方式的主要范式是"以上就是我的演说内容，谢谢""我的课程到此结束，谢谢"，等等。第二种是"视频结束式"，就是播放一个视频结束演讲，没有点题，让听众感觉云里雾里。第三种是"问答结束式"，就是在演说结束之后，把互动问答环节留在最后。事实上，这三种演说结尾方式都可能成为演说的"败笔"。举个例子：

企业管理专家迪夫受邀去给某企业家协会分享"盈利模式设计"课程，课程时间是 3 个小时，主办方的安排是前面 2 个半小时是知识分享，然后留出 30 分钟与听众互动问答。在前面 2 个半小时中，迪夫分享得很精彩。但是在最后的问答环节，迪夫却遇到了一个令他感到尴尬的问题。有个听众提问说："老师，您这么懂盈利模式设计，为什么您过去创业开办的公司却倒闭了？"迪夫一时间没有想好答案："嗯……这……这个情况有点儿复杂……"虽然迪夫勉强将问题解释过去，但最后课程仍在一片尴尬气氛中结束。

结尾的"败笔"淹没了迪夫前面精彩的分享，观众最后只记住了那个尴尬的瞬间。著名的诺贝尔经济学奖获得者、心理学家丹尼尔·卡内曼在研究中发现了"峰终定律"理论：人们对一段体验的评价是由两个因素决定的，一个是过程中的最强体验，一个是结束前的最终体验，过程中的其他体验，对人们的记忆几乎没有影响。举个例子，很多人可能都玩过过山车，而且经常需要排队，排一个小时甚至两个小时以上的都有，最终玩的时间就那么一两分钟。这个过程中，大家最终的记忆会在哪里呢？一般都是顶端往下俯冲的刺激记忆犹新，最终结束的时候还会有一种兴奋感。这其实就是一个峰和一个终，这两个地方你是有记忆的。至于排了多长时间队，你是没有记忆的。

峰终定律被广泛地运用于商业当中，非常典型的就是宜家家居。曾经去过的人都知道，宜家在出口的地方，设置了一个卖冰激凌的柜台，每份只要一块钱，让顾客有惊喜感觉，立马就能够把在宜家里面逛时累得够呛的过程忘记掉，你只会记住最后结束的时候吃了一个便宜好吃的冰激凌。这其实就是商家利用峰终定律，提升顾客对他的满意度。在演说中，峰终定律也同样适用，大凡精彩的演说都会有一个漂亮的结尾，要么让听众感动，要么让听众兴奋，要么让听众感到惊喜。因此，"宣告结束式"和"问答结束式"都不是最佳的结尾方式，你还应该精心准备一个精妙绝伦的结尾。行动与决策源自感性，在演说结尾时，你应该把听众的情绪推向高峰，而不是跌入谷底。并且在高峰时要戛然而止，创造出余音绕梁、意犹未尽的效果，千万别画蛇添足（见图5-1）。

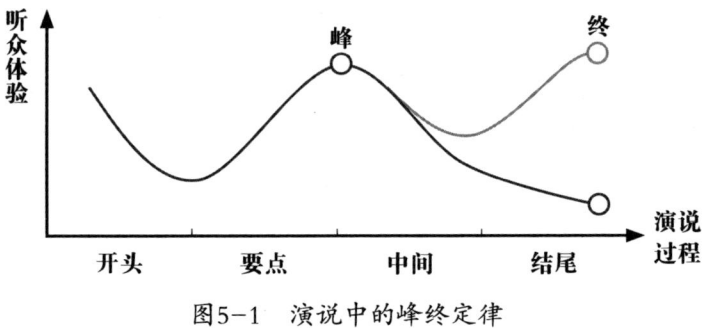

图5-1　演说中的峰终定律

临近尾声，你要给听众点亮一盏"信号灯"，照亮黑暗，召唤行动。点亮"信号灯"主要有三个目的：

（1）点亮黑暗，给你的听众提供你的解决方案，让他们看到希望，引起听众的情感共鸣。

（2）号召行动，结尾时你要告诉听众应该怎么做。号召听众从此刻开始，朝着目标行动和前进，共同履行一个约定，共同去实现一个目标。

（3）转化听众，把你的听众变成你的忠实粉丝，忠实粉丝是你的思想传播最强大的推动力。

【 要点提示 】

在演说结尾时，你应该把听众的情绪推向高峰，而不是跌入谷底。并且在高峰时要戛然而止，创造出余音绕梁、意犹未尽的效果。

达到这三个目的，就是一个良好的结尾。想要实现这三个目的，你必须找到打开听众心灵的"开关按钮"的方法（见图5-2）。

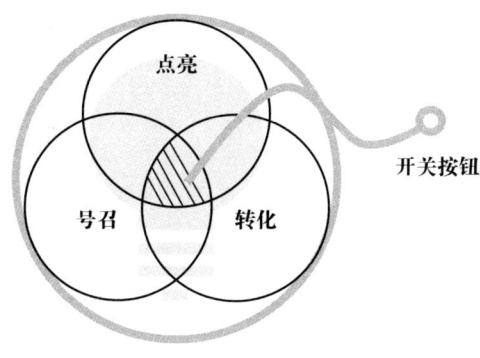

图5-2 点亮"信号灯"

重申价值

演说结尾时,重申你的价值主张是打开听众心灵"开关按钮"的好办法。你可以选择一个金句或使用高密度的排比句来强调你的观点。让一句话在前面的演讲中出现多次,最后结尾时,再把这句话说给听众,或者请听众说出来,往往会取得惊人的效果。乔布斯在2008年苹果笔记本电脑Mac Air的发布会演讲,峰终体验就很好:

演说开始,他卖了个关子,提示来宾"今天的空气中有点儿特别的东西"。接着,他把目标展示出来:"今天我来介绍第三个苹果电脑Apple Mac Air——世界上最薄的电脑。"再之后,他把发布会推向了一个峰值,和当时最薄的笔记本电脑索尼TZ进行对比,找到了竞品最好的地方,但还是发现竞品做出了很多妥协,牺牲了屏幕大小、重量、键盘大小和处理器等关键指标。对比之后,乔布斯强调:"Apple Mac Air最厚的地方比竞品最薄的地方还薄,而且还保持了全尺寸屏幕、键盘。此外,没有突出的钩子,不会挂住衣服。"然后一路展示下去。在结束的时候,他重申价值,把听众的注意力推向终点的峰值——苹果 Air，世界上最薄的电脑。

给予礼物

结尾时，给予听众"礼物"是打开听众心灵"开关按钮"的第二个办法。这个礼物是打引号的，不一定是实物，也可以是一句忠告、一个故事，或一个出人意料的金句，都是演讲结束时最好的"礼物"。

在我的讲师训练营结束的时候，我会给到学员三句话：①专业是我们永远的底色，只有过硬的功底才能立于不败之地；②训练营的结束不是终点，而是我们走向讲师职业的起点；③记住，只要站在讲台上，你就是此刻的王者。每次训练营结束后，学员都对这三句话记忆犹新。

当然，你也可以直接给予小礼物，带给听众惊喜。小礼物的选择一定要别出心裁，最好跟主题相关。还可以直接给予听众一些实惠，比如"赢得比赛的听众，可以免费获得价值 3900 元健康管理套餐大礼一份"等。

建立愿景

有个人来到一个建筑工地，看到那里有三个人正在工作，那么，他先问第一个人："你在干什么？"那人说："我在砌砖啊。"他接着问第二个人："你呢？"得到的回答是："我在修一堵墙。"然后他又走到第三个人那里，问他："你又在干什么呢？"那人正一边哼着小曲一边干活儿，对他说："我呀，我在修一座教堂。"倘若你想最大限度地影响别人,就应该给他们描绘愿景。

《人类简史》的作者尤瓦尔·赫拉利认为:智人区别于动物和其他智慧物种是因为智人学会了讲故事。"愿景故事"构成了人们共同的想象,超越了血缘的纽带,让智人结成了更大的群体。让听众产生美好的愿景对打开听众心灵的"开关按钮"非常有效,甚至三两句话就能直抵人心,胜过千言万语的大道理。当年苹果公司需要一个新的CEO,乔布斯相中了百事可乐高管斯卡利,他只用一句话就打动了对方——"你是想卖一辈子糖水,还是想改变整个世界?"李开复在奇葩大会讲"人工智能"这一主题时,结尾也用了"建立愿景"的方法:"在人工智能取代重复性工作后,人类终于重新有时间可以享受人文艺术的美好。"让听众不仅没有因为人工智能时代的到来而感到恐慌,反而有了期待和想象。

升华情感

结尾时,让听众的情感得到升华是打开听众心灵"开关按钮"的第四个有效的方法。比如,俞敏洪老师在"中国创业榜样"大型公益活动上的演讲,演讲总时长只有4分钟,但效果很好,他以诗歌朗诵结尾:

请同学们真的相信,青春跟年龄没有任何关系。有的人在16岁、20岁的时候,青春已经死亡,他对生命已经没有任何期待,也不再具有奋斗精神。有的人到了80岁以后,依然具有青春洋溢的色彩,在思考未来的生命到底应该怎么过。所以青春给你们八个字:拥有热情,相信未来。大家应该都能记得食指所写的一首诗:朋友,请坚定地相信未来吧,相信不屈不挠的努力,相信战胜死亡的年轻,相信未来,热爱生命。谢谢同学们。

七种常见的
精彩演说结尾方式

引用式

引用式结尾,就是通过引用名言、警句、谚语等作为演说的结束语。很值得一提的是,这种结尾方式,不仅使语言表达更加精练、生动、富有节奏感和韵律味,而且还使演讲内容更加充实、丰满,具有感染力和启发性,同时,还可以给人一种不落俗套、别开生面之感。引用名言结尾,能给演说者的思想提供有力的证明并增加了演说的可信度,让演讲显得更有内涵、更有含金量、更有艺术性,以及更有说服力和鼓舞性。比如下面这个例子:

印度大诗人泰戈尔说过一句话:"花朵的事业是美丽的,果实的事业是尊贵的,但我愿做一片绿叶,绿叶的事业是默默地垂着绿荫的。"不管花朵、果实还是绿叶,三者是相互依存的,存在的价值是相同的,唯有分工的不同,当然要遵守不同的存在规律,否则叶子就不会绿得鲜艳、花就不会开得芬芳、果实就不会结得饱满。对于每个人来讲,有选择不同分工的自由，但要想取得理想的收获，就要遵守不同的规矩。由此可见，更早更多的监督、及时发现问题就是更好的保护。小错不断大错不犯，要防微杜渐，纪律约束是最好的防腐剂、紧箍咒，或者说保护伞，请不要怀疑它、请不要排斥它、请不要拒绝它。谢谢大家！（来自任新华的《纪律约束才是最好的保护伞》）

复盘式

复盘是围棋术语，指的是棋手对别人下过的精彩的棋以及自己下过的每一盘棋进行回顾、反思和探究的过程，目的就是学习掌握如何下好棋。这种结尾方式很好理解，也就是最后总结你讲的核心点，例如今天我分享如何做好演说，那么在最后结尾时就可以说：总结一下，我今天讲的内容有三点：第一，演说前精心准备；第二，演说结构分四个模块设计；第三，巧妙地应对突发状况，这就是我今天讲的三点核心内容，希望大家牢记于心。复盘的核心就是回顾重点，目的是加强印象，比如有位企业家讲"成功创业"时是这样结尾的：

最后，我想以一个故事结束我的演讲：兔子和乌龟赛跑，第一次兔子输了，为什么呢？因为兔子睡觉去了，乌龟先到达终点。这说明勤奋比天资重要。兔子不认输，又去找乌龟比赛。第二次它们在操场上比赛。但一开始，兔子就输了。为什么？因为兔子朝相反的方向跑去。这说明方向比努力重要，方向不对，努力白费。第三次它们是在草地上比赛。跑着，跑着，兔子不见了，乌龟赢了。为什么？因为兔子掉在泥潭里了。这说明，想成功必须要善于发现陷阱和避开陷阱。第四次它们在山坡上比赛。但是兔子还是输了。为什么？因为乌龟是滚下山的，当然更快些。这说明想成功必须善于利用自己的优势。第五次它们是在高速公路上比赛。兔子拼命地跑，不停地跑，还是输了。为什么？因为乌龟在路边一招手，打车去了。这说明要成功必须善于整合资源。综上所述：要想创业成功，最好能具备五个条件：①勤奋工作；②选对方向；③避开陷阱；④发挥优势；⑤整合资源。谢谢大家！

号召式

演讲者以慷慨激昂、扣人心弦的语言，对听众的理智和情感进行呼唤，使听众产生一种蓬勃向上的力量，激励他们朝着目标行动。我们来看看马云在阿里巴巴十周年庆典演讲的结尾是怎么说的：

各位阿里人，明天开始新的旅程！阿里巴巴告别了创始人年代，我们进入合伙人年代，阿里巴巴的使命是打造新的商业文明，阿里人坚持了十年又傻又天真，我们希望未来的十年、二十年，有更多的人像我们这样，加入完善这个社会，促进这个社会，帮助更多的人实现他们的梦想，实现他们企业的创收，实现企业的成长和发展，让我们全体努力，帮助小企业、帮助创业者成功，我们一定会付出，我们一定会得到，谢谢大家。

这段话也是在号召阿里的员工为客户成长创收，贡献自己的一分力量，结尾有力量、有激情。

愿景式

愿景式结尾是指对未来进行预测性的展望，让听众产生遐想，以达到扩展领域、延伸主题的目的。例如小米创始人雷军在小米十周年时做了"一往无前"的主题演讲，他是这样结尾的：

所有事情，我们都会用十年的长度来看。做长期有价值的事情，和时间做朋友。同时，战略上稳打稳扎，不要冒进。我相信：下一个十年，创新之火将会照亮每个疯狂的想法，小米将成为工程师向往的圣地。下一个十年，智能生活将彻底影响我们每个人，小米将成为未来生活方式的引领者。下一个十年，智能制造将进一步助力中国品牌的崛起，小米将成为中国制造业不可忽视的新兴力量。下一个十年，小米将成为一条蜿蜒奔涌的长河，流过全球每个人的美好生活，奔向所有人向往的星辰大海。在未来的征程里，相信自己，一往无前！谢谢大家！

祝福式

真诚的祝福最能打动人心，引起听众的情感共鸣。用祝福话语来结尾，可以营造热情洋溢的气氛，使听众在快乐中提升自豪感和荣誉感，激励听众满怀信心地去创造未来。比如有位职业培训师在讲"时间管理"这门课程时，她是这样结尾的：

最后，我再送给大家两句话：如果把人生分为四天，那就是春天、夏天、秋天、冬天；如果把人生分为三天，那就是昨天、今天、明天；如果把人生分为两天，那就是白天、夜天；如果把人生分为一天，那就是每一天。那么，我祝愿在座的各位同学，快乐每一天、把握好每一天，让你的每一天都变得更有意义，让你的每一天都变得精彩纷呈！

故事式

结束的时候讲一个有深意的故事，会让听众觉得你的演讲意犹未尽，利用故事的含义，升华演讲的全部内容，让别人深刻地体会演讲的内涵。比如有位演讲者在母亲节以"感恩"为主题演讲，他是这样结尾的：

汉朝有个人叫韩伯俞，母亲在他犯错的时候，总是严厉地教导他，有时还会打他。他长大成人后，只要犯错，母亲的教训依然如故。有一次母亲打他时，韩伯俞突然放声大哭。母亲很惊讶，几十年来打他从未哭过。于是就问儿子："为什么要哭？"韩伯俞回答说："从小到大，母亲打我，我都觉得很痛。但今天母亲打我，我已经感觉不到痛了。这说明母亲的身体越来越虚弱，我奉养母亲的时间越来越短了。"这个小故事，让人感动不已。父母在，人生即有来处；父母去，人生只剩归途。谢谢大家！

诗歌式

诗歌式结尾，就是演说者在演说结束之时，选用一些脍炙人口的、哲理性强或者抒情性好的现代诗、古诗词来结束自己的演说。这种结尾方式的效果非常不错。它可使演讲显得典雅而富有魅力，让听众产生清新和优美的感觉。比如播恩集团总裁邹新华先生在2018公司新年献词的演说，结尾是这样的：

2018，播恩进入18岁，2019年2月1日将要完成播恩的成年礼。我将李白的一首诗送给播恩，同时也送给大家：大鹏一日同风起，扶摇直上九万里。假令风歇时下来，犹能簸却沧溟水。世人见我恒殊调，闻余大言皆冷笑。宣父犹能畏后生，丈夫未可轻年少。谢谢大家。狗富贵，互相旺！（2018年生肖是狗）

认知升维：
抬高天空，提升境界

在演说结尾时，你从另一个角度重新定义讨论的主题，从讨论一个层次的意义，进入一个更高维度的认知（价值或影响），会提升演说的境界，并让听众的认知升维。比如某公司总裁在企业大学成立大会上讲话，他是这样结尾的：

各位同人，公司今天正式将"培训发展部"升级为"企业大学"，这并不只是一个名称的变化。这意味着公司将把"人才梯队建设与发展"提升到公司的战略层面，意味着公司在规范化管理体系建设上将进入一段新的里程。这次组织架构的调整，对公司来说具有非常重要的意义。

认知升维，即把演讲主题的思考角度，转化到和多数人不同的角度，升华到更高级、更深刻、更广阔、更长远的角度。当你看待事物或思考问题的视角、层次和维度不同，你所得到的结论也并不相同。举个例子：

在我的培训课堂上，我会给学员展示几幅画：

第一幅图画：一片鲜艳的红，上沿呈现锯齿状，不知何物。

第二幅图画：立着一只圆睁双目的大公鸡，金黄色的喙，绿色的翅膀扑棱着，那片红原来是它的冠。

第三幅图画：这只公鸡原来是站在一堆木头上，两个小男孩趴在窗台上紧紧盯着它，作跃跃欲试状。

第四幅图画：这是一个农家的院子，院子里有五头猪、三只鸭，一只小白狗在追着鸭子满院子跑。院子的小主人即那两个小男孩，一心想要逮住那只鸡。

第五幅图画：镜头拉远，原来上述这些都是玩具做的，一个扎着头发的小女孩在认真地摆弄着它们。

就这样结束了吗？

第六幅图画：镜头再拉远，刚刚那位扎着头发摆弄玩具的小女孩原来是报纸上的一幅图片，一个坐在椅子上的小伙子拿着报纸在一艘船上睡着了。

第七幅图画：镜头再拉远，我们看到一条繁华的街道，街上有辆公交车，刚刚看到的那艘船原来是公交车上的一个广告画面。

看完整个过程，忽然心里有一股说不出的滋味：你原以为自己所看到的是整个世界，没想到它只是冰山一角、沧海一粟。当你一旦超越了某种境界再来看某些事情，心里可能会觉得豁然开朗：原来世界是这样，颇为自得。而实际上，也许与事物的全貌和真相依然有很大的差距。演说结尾时，采用"认知升维"的方法会让听众产生醍醐灌顶、意犹未尽的感觉，从而让演说产生余音绕梁的效果。那么，如何让听众的认知升维呢？

时间法

拉长时间维度，用历史或者未来的眼光看现在，很多当下纠结的问题会迎刃而解。比如，在疫情期间，很多人、很多企业都很担忧和彷徨。但是，把时间拉长到历史长河当中来看，人类一定能解决这些目前看来棘手的问题，就像当初的天花、流感病毒，在今天看来都是小问题。在"没有什么能毁掉下一代"的演讲中，演讲者是这样结尾的：

网络上曾流传这样一段话：30 年前，人们惊呼摇滚乐会毁掉下一代；20 年前，人们惊呼电视会毁掉下一代；10 年前，人们惊呼计算机会毁掉下一代；现在，人们惊呼手机会毁掉下一代。而人类的发展历史证明，没有任何力量能毁掉下一代，除了跟不上时代。现在你再看看，计算机、手机、网络、高端科技、新兴产业，给我们带来了多少的便利？纵然有过有失，但"合理"看待这一切，比提倡"毁灭"要理智得多。

空间法

空间法，是指从"小"到"大"，从"点"到"面"的升维思考。我们经常听到管理人员这样说："这件事情，从个人层面，我是……但从组织层面，我认为……"这其实就是从个体到整体的空间升维。比如，某学校校长的演讲：

昨天，我看到有几位同学倒掉了很多剩饭剩菜，这让我感到非常可惜。我们全校有 3 万名师生，如果每人每天浪费一两饭菜，这就够一个普通家庭一年的口粮。节约是一种智慧，节约是一种美德，节约是一种责任。节约不是夸夸其谈的大事，而是身体力行的细节。

正负法

凡事皆有利弊，当大多数人看一面时，你要学会关注另一面。比如，在篮球运动中，个子比较高的球员有利于投篮，但灵活性就要差一些。演说与沟通中，从正负的角度全面地思考问题，能够提升你的说话水平。

伟大的发明家爱迪生，在研究了 8000 多种不适合做灯丝的材料后，有人问他："你已经失败了 8000 多次，还继续研究有什么用？"爱迪生说："我从来都没有失败过，相反，我发现了 8000 多种不适合做灯丝的材料……"换一个角度看问题，问题就截然不同了。

原点法

很多时候，我们容易迷失在问题的细枝末节中，而忽略了问题的本质。这时候，如果回归到原点思考，往往会豁然开朗、恍然大悟。比如某公司 CEO 在公司战略会上讲话，他是这样结尾的：

在过去的一年，我们过于乐观地看待了行业形势，以至于我们的项目"战线"拉得太长，导致资源分散、首尾难以兼顾，很多项目处于亏损当中。幸运的是，我们的核心资源没有受到破坏。今年，我们坚决而果断地砍掉了 12 个亏损的项目。是时候，我们要回归到原点，思考一下我们的核心优势了。经历这次挫折和磨砺，我相信，我们的战略会变得更加落地，我们的团队将变得更有韧劲！我相信，我们的未来一定会走向美好！

关联法

分析某件事情时，分析它的直接影响是什么、衍生的间接影响又是什么。比如，在安妮医生的健康讲座上，安妮医生号召听众戒烟，她给听众分析了吸烟的直接影响——影响自己的身体，以及吸烟带来的间接影响——对家庭的影响，从而让听众的认知升维。

【 要点提示 】

演说结尾时，从另一个角度重新定义讨论的主题，从讨论一个层次的意义，进入一个更高维度的认知（价值或影响），会提升演说的境界。

换座法：
重新定义观众的身份与角色

好的演说结尾一般具有号召力，能够唤起听众的实际行动，那么演说者该如何促使听众行动呢？有的人试图改变听众的"脑袋"，即通过改变思想来改变行为，但这种方法往往效果不大。比如，有些家长常常用"不乖""差劲"这样的角色标签去定义自己的孩子，然后又唠唠叨叨地讲一些大道理，这就是想要强硬地改变人的思想，其实是毫无效果的。

日本心理学家长岛真夫带领研究团队做了一个实验。他们在小学五年级的一个班上进行了这个实验。这个班有47名学生，他们挑选了在班级中成绩较差、地位较低的六名学生，任命为班级委员，并在他们完成工作任务的过程中给予适当的指导。一个学期过后进行的测评发现，这六名学生在性格方面，诸如自尊心、安定感、开朗程度、活动能力、协调性、责任心等方面均有显著变化，并且成绩的进步也令人吃惊。

俗话说："屁股决定了脑袋！"有时候你所处的位置和角色决定了你的行为模式。因此，改变"屁股"（重新定义听众的身份和角色）比强硬地去改变"脑袋"（讲大道理，改变其思想）会更加奏效，比如通过讲吸烟的危害来劝吸烟者少抽烟，往往见效甚微，而让他想到孩子心目中模范父亲的角色时，或许会让他产生改变的意愿和动力（见图5-3）。

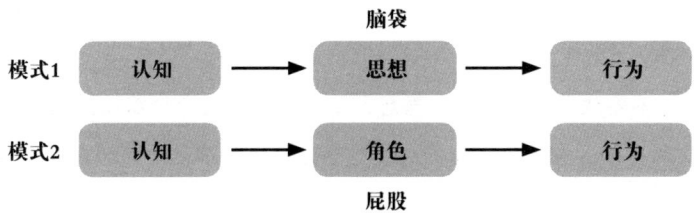

图5-3　从认知到行为

心理学上有个"角色习得心理"，是指什么角色就决定了什么行为。角色这个词来源于戏剧，简单地讲，它就是一个人的身份地位和行为模式。社会心理学的研究表明：角色对个体的行为和心理影响是让人震惊的，它对于人的行为具有强大的塑造力。斯坦福大学的心理学家津巴多曾做了一个经典的模拟实验：

津巴多录取了一批大学生志愿者，并随机地把志愿者分成"犯人"组和"看守"组，然后模拟正常监狱里的情境。"看守"给"犯人"们戴上手铐后，把他们押回"警察局"。"犯人"们会经历真正的犯人才会碰到的事情，如戴着脚镣手铐、被分别关入只有一张床一个门洞的单人牢房等。而"看守"们也装备得与真的一样：身着警服，手拿警棍，轮流在里面值勤。

结果，仅过了几天，"看守"和"犯人"们的表现越来越"专业化"："看守"们渐渐学会了从侮辱恐吓以及非人性地对待那些"犯人"中获得乐趣，不时地命令他们做俯卧撑以及各种疯狂行为；而"囚犯"们最初会反抗，但很快就变得被动并陷入了无能为力的地步，他们的脾气变得很暴躁。这个实验原计划进行两周，可六天后，有一半的"囚犯"要求被释放，因为他们的精神几乎到了崩溃的边缘。

[要点提示]

　　不要试图改变听众的思想，要改变听众的身份以及他们对现实的感知。有时候改变"屁股"会比改变"脑袋"更加奏效。

　　通过转换听众的身份和角色，可以影响他们的行为模式，这种方法叫作"换座法"——转换身份与角色。它可以运用在演说的结尾当中，以改变听众的行为模式，常见的语言范式有：

　　（1）我们每一位同学未来都是国家的栋梁，希望……

　　（2）当你想放弃的时候，想想你的父母……当你想放弃的时候，想想你的妻子……当你想放弃的时候，想想你的孩子……

　　（3）作为公司的管理者，你们首先应该做好榜样……

　　例如，和君商学院院长王明夫先生给和君学子的致辞中，就通过塑造身份和角色，建立崇高的使命感，来改变行为模式：

　　我相信每一个和君学子都能成为栋梁之材。为此，我总是先行于你，懂得什么叫作尊重，什么叫作"视为天使、尊为栋梁"。我相信你是栋梁能承重、堪当天使可济世。为此，我期待着你在自以为是或沾沾自喜的固执己见中能够清醒。期待着你，在慵懒散漫的颓废消沉中懂得奋起；期待着你，在浮华躁动的流行季风里知道沉潜；期待着你，在一个既是最好又是最坏的物欲横流时代懂得如何自我救赎和精神挺立。

"换座法"其实就是把听众当下对自己身份和角色的认知转变到另一种身份和角色的认知，比如：好兄弟—好父亲、员工—家人，等等。在社会当中，每个人都有多重身份和角色，你的听众也不例外。坐在台下的听众，他们可能是一位医生、一位老师、一位军人、一位父亲……每种身份和角色会赋予他们不同的行为模式，作为老师要为人师表，作为医生要救死扶伤，作为军人要服从命令，等等。当你掌握了"转换身份和角色"的技巧，你就可以更加容易地去改变别人的行为模式，例如：

劝人抽烟：兄弟们好不容易见一面，今天破个例，抽支烟吧！

劝人戒烟：为了将来孩子有个健康的父亲，从现在起你要少抽烟啊，你要担负起家庭的责任，给孩子做个好榜样！

在上面的例子中，劝人抽烟用了"兄弟"的身份与角色，而劝人戒烟用了"父亲"的角色。这种转换听众身份和角色的方式比单纯地给听众分析抽烟的利害要有效得多。很多时候，真正打动听众，并让他们产生行动的，并不是你的利弊分析，而是你改变了他们对身份与角色的认知。比如，有的销售人员对顾客使用"哥哥""姐姐""叔叔""奶奶""老板"等称呼，其实也是在改变顾客对身份和角色的认知。有时候往往不因为别的，就因为一个与众不同的称呼，就让你产生购买意愿了。

演说结尾时，重新定义听众的身份和角色，赋予听众新身份和角色的责任感和使命感，往往能够改变听众的行为模式，达到促使其行动的效果。

不要画句号：
结束不是终点，而是起点

一位著名的企业家在做报告。当听众咨询他最成功的做法时，他拿起粉笔在黑板上画了一个圈，只是并没有画圆满，留下一个缺口。他反问道："这是什么？""零""圈""未完成的事业""成功"，台下的听众七嘴八舌地答道。他对这些回答未置可否："其实，这只是一个未画完整的句号。你们问我为什么会取得辉煌的业绩，道理很简单：我不会把事情做得很圆满，就像画个句号，一定要留个缺口，让我的团队去填满它。"

"不要画句号"不但适用于团队管理，也适用于演说与沟通。我曾经听一位成功人士说过："销售人员的字典里是没有句号的。"意思是优秀的销售人员与客户沟通的话术中，是不会画"句号"的。什么是画"句号"？比如"以上就是对我们产品的介绍，那您考虑一下吧"，很显然这次谈话结束了，这就是画上了句号。如果客户后面没有联系你，那你又要绞尽脑汁想下一次拜访的理由了。优秀的销售员在每一次拜访客户时，都不会画上"句号"，而会建立下一步的约定（见图 5-4）。

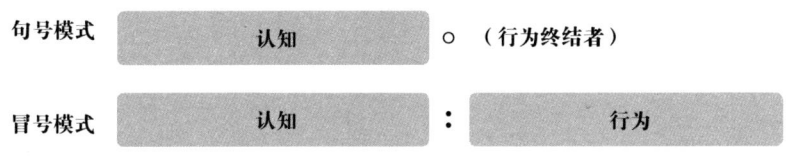

图 5-4　不要画句号

演说的结尾也不要画上完整的句号！虽然你的演说结束了，但是你所演说的主题对听众来说只是行动的起点。就像马云在第三届阿里巴巴校友见面会上演讲时说："我们今天在一起，不仅仅是因为我们有共同的工作经历，而是我们有共同的味道和共同的追求。我们不是因为利益走在一起，而是我们的理想主义，让我们走在一起……湖畔大学没有毕业证书，只有三种情况可以拿：第一，追悼会的时候；第二，公司进入了世界 500 强或者中国 500 强；第三，到 60 岁退休的时候，自己提出申请……"

[要点提示]

演说的结尾，不要画上完整的句号。虽然你的演说结束了，但是你所演说的主题对听众来说只是行动的起点。

预留法

说书先生在每次说书快结束时，都会卖一个关子，并且说道："欲知后事如何，且听下回分解。"每回都极大地勾起了听众听书的热情，这种结尾的方法叫作"预留法"。"预留法"经常被运用于演说和讲课的结尾，以激发听众下一步的行动。比如安妮医生在讲"健康养生"主题讲座时，她是这样结尾的：

各位朋友，养生的方式方法有很多，由于今天时间有限，我只能给大家讲一下养生的四大基石——情志、饮食、起居和运动。如果大家还想了解更多的养生知识，可以关注我的公众号，或者加我的助手的微信……

约定法

演说结尾时不要画上完整的句号，而是与听众形成一个共同的约定，你可以与听众约定未来一起行动。比如，某培训师给销售员讲课是这样结尾的：

一分耕耘，一分收获，如果我们想尽情地享用自己通过拼搏赢来的果实，那么我们从走出这间培训教室的那一刻起，就必须将我们今天所学的知识与技能学以致用，每天多给顾客打几个电话，多拜访几位目标客户，多回访几位老顾客……不要小看每天付出的小小努力，一年下来，你将发现你已经将目标远远抛在后面了。

延伸法

你可以告诉听众，你的演说内容旨在抛出一个引子，它还可以延伸到我们工作和生活的方方面面，号召听众在以后的时间去探索和发现。比如，在给企业家学员讲"产品金字塔盈利模式"时，我是这样讲的：

有位父亲带女儿去逛宠物店，女儿非常喜欢一只布丁仓鼠，这只布丁仓鼠才3元钱，父亲觉得很便宜，于是买下了它。但是，买了布丁仓鼠后，就需要有个笼子养着它，于是又花45元买了一个老鼠笼子。老鼠脏了要给它洗澡，还要花15元买洗澡的沙子。布丁仓鼠饿了，要给它食物，再买一袋食物15元。这样算下来，为了买那个3元钱的布丁仓鼠，光这一次就消费了78元。我们来分析一下，宠物店采用了什么样的盈利方式呢？宠物店通过低利润的布丁仓鼠来吸引消费者购买，而通过老鼠笼子和后续耗材赚钱。这种盈利的模式，我们称之为产品金字塔模式。金字塔的底端是免费或者低利润的引流产品，金字塔的上端是获取利润的产品。产品金字塔模式可以广泛地运用于各行各业，我们的课程结束后，我希望大家用今天所学的知识，来优化你企业的产品结构和盈利模式。

　　演说结尾时不要画上完整的句号，要在听众兴致正浓时戛然而止，让你的听众产生意犹未尽的感觉，并"趁热打铁"，号召听众立即行动起来！

第六章

06

巧避风浪
——应对突发状况

无论演说还是讲课的过程中，难免会遭遇突发状况。如果你没有掌握足够的方法和技巧，就可能像触礁的航船，难以到达成功的彼岸。本章将讲解在演说中常常会遇到的突发危机以及应对的方法和技巧，当你掌握了这些方法和技巧，就像给你的航船装上了一层抵御风浪的"防护甲"。

演说中途突然忘词了，该怎么办

案例

有一年，东北讲武堂邀请大军阀张作霖去给毕业生演讲，张作霖很高兴，欣然前往。他没有演讲经验，去之前让秘书写了篇演讲稿。不料一登台，乍一看台下黑压压全是人，鸦雀无声地望着他，张大帅居然紧张起来，事先背熟的稿子全忘记了。僵持半晌后，张作霖突然破口大骂，说："我原来背得很熟，但是看见你们，一高兴，竟然全都忘记了。"台子下的学生哈哈一笑，紧张的气氛立刻缓和了。这时，张作霖微笑着走下台，绕着毕业生走了一圈，不断问学生的名字，还拍拍他们的肩膀，大声说："好小子。"绕弯一圈，他重新站到讲台上，提高嗓门说："我看到大家太高兴，很多要说的话偏想不起来。你们都是好小子，好小子就要好好干！你们毕了业，可以当排长，只要好好干，就可以升连长、团长，将来还可以去当营长。只要你们不贪生怕死、肯努力，想要什么就有什么，想要什么我都可以给。但只有一样例外，我老婆不能给你们。"他一说完，学生中间爆发出哄堂大笑，接着是雷鸣般的掌声。原本暴露自己没文化这一弱点的事情，经他这么一说，弱点没有了，反倒让这些学生觉得张大帅直爽、豪迈，值得信任。

问题

人在演讲中由于紧张会导致大脑缺氧、缺能量而出现头脑一片空白，这时就很容易突然忘词。这不是个例，而是每个人都会经历的一种普遍现象，那你该如何应对呢？

对策

1. 镇定法

首先，你不要觉得忘词是件很丢人的事，其实大部分的人都有过这样的经历。人类在优胜劣汰的自然法则中进化到现在，在面对无数双眼睛盯着的时候，本能就是"逃跑"（害怕成为猎物）。这个时候，你身体的能量会去帮助你的四肢，而非你的大脑，所以你的大脑出现紧张忘词是再正常不过的事情了。

2. 回顾法

通过回顾前面的内容来找感觉，然后接上再接着讲。比如，今天给大家分享"刻意练习"的五个关键，第一，避免自动完成；第二，远离舒适区；第三，找到薄弱点；讲到第四时突然忘词了。这时你就可以用回顾法，你可以这样说：刻意练习的五个关键刚才讲了三个，第一、第二、第三，那接下来是第四点，然后你再接着讲就可以了。

3. 跳过法

如果采用"回顾法"仍然没有想起来，那么你也可以跳过，讲你记得的那个内容，如果你后面记起来了，你可以再做补充。

4. 转移法

找个切入点转移到自己熟悉的领域再接着讲，比如讲一个自己熟悉的小故事，让自己获得一定思考的时间。

5. 互动法

可以针对前面讲的东西进行互动，让你获得一定的回忆时间。比如："前面我们讲述了三点，那么谁能完整地告诉我是哪三点呢？"

只要一上台就紧张，
该怎么办

案例

我有个编辑朋友，他非常善于写文章，在平时聊天时也非常健谈，但他就是害怕当众演讲，每次当众讲话都是结结巴巴、语无伦次。听众简直不敢相信他是一名知名杂志的编辑，这让他感到痛苦不堪。他告诉我，他只要一上台就非常紧张，不知道如何克服自己的紧张情绪。

问题

当众演讲，心理紧张是很普遍的一种生理反应，每个人在经历上台演说、主持会议时，或多或少都会出现紧张心理。即使一个身经百战的人，也同样难逃其害。人在紧张时，经常会出现语无伦次、头脑发晕、直冒冷汗、两腿哆嗦、头脑空白等现象，这将严重影响你的演说效果。那么，我们该如何克服紧张情绪呢？

对策

1. 找原因

上台紧张一般有三个方面的原因：经验不足、对演讲内容不熟和怕出错。如果是经验不足或对演讲内容不熟导致你紧张，那么你要多练习、多彩排。如果是害怕出错，那么你要及时调整自己的心态。

2. 调心态

征服讲台的重点就是锻炼心性。很多人说自己不会演讲，恐惧演讲。有这种心理的人，是不是不会说话呢？并不是，很多上台紧张的人，在台下是很会讲话的人。即使很内向的人，在面对好友的时候，也都可以侃侃而谈。锻炼心性就是不要脸皮太薄，出丑了又如何？每出一次丑，就是一次成长。别太把演讲当回事，演讲不就是聊天吗？

3. 强信念

你要知道，你演说的目的是要给听众分发"礼物"——你的思想或产品，而不是求着听众接受你或你的产品。你的演说是要给听众带去价值和好处，解决他们的问题或者烦恼。

4. 深呼吸

深呼吸能够缓解紧张情绪，可以排出肺内残气及其他代谢产物，吸入更多的新鲜空气，以供给各脏器所需的氧气。深呼吸能使人的胸部、腹部的相关肌肉、器官得到较大幅度的运动，使血液循环得以加强，对于解除疲惫、放松情绪，都是有益的。

5. 移情绪

不要对抗情绪，而要迁移情绪。人人上台都会紧张，大师都不例外。我们要做的不是让自己不要恐惧，而是努力让自己快速度过恐惧阶段。比如上台前，做一件让自己放松的事，听音乐、打打拳，等等。或者把听众想象得很渺小，比如把听众想象成"天线宝宝""喜羊羊"等。

6. 调姿势

在上台前可以参考体操中的交叉动作，有意识地做放松伸展动作，摊开你的双手，做出自信的开放式的姿势。如果你会发抖，手上不要拿纸，因为纸会扩大你发抖的程度。

设备出现故障，
该怎么办

案例

有一次，我带领团队去某公司提年度营销规划方案。我们准备了一份精美而详细的PPT报告，计划在现场用投影仪给参会的管理者观看。但是，让我们感到意外的是，会场的投影仪出现了故障。而汇报的时间只有20分钟，如果现场再更换投影仪，可能要耽误很多时间了。幸好，我们事先打印出了几份纸质报告，我让大家先传阅一下纸质报告，然后我在台上介绍要点，顺便让会议的负责人去更换投影仪了。

问题

在演说当中，我们可能常常会遇到这个问题——设备出现故障，比如 PPT 出现乱码、投影仪坏掉、电脑失灵、话筒没有声音，等等，非常影响你的心情，对于一场"信息说明型"演说来说，算得上是毁灭性的打击。

对策

1. 熟记大纲、要点及素材

若演说过程中，投影仪、电脑等设备出现故障，且你还不能熟记演说框架，那是毁灭性的打击！所以，你要熟记大纲、要点以及素材，你可以使用思维导图来熟记你的演说框架，以便在必要的时候进行脱稿演说。

2. 使用幽默话术应对尴尬

当设备突然出现故障时，不要让听众感受到你的焦躁。相反，你要表现得比听众更加淡定，以安抚听众的情绪。比如，在某次课程中，幻灯片突然黑屏了，现场开始躁动起来，于是我大声说道："今天我们大家都情绪高涨，可能磁场太强了，已经干扰到了我们的投影设备，导致它罢工了。请大家保持平稳情绪，耐心等待一下，工作人员正在努力修复。"

3. 临时穿插其他互动活动

如果设备出现问题，工作人员正在处理，但处理可能需要些时间，为了避免现场混乱，你可以临时穿插一些其他的互动活动，比如带听众做做头部运动操或者玩一个游戏，等等。

向听众提问时，如何避免冷场

案例

李医生受某银行主管的邀请，为该银行的职员讲"冬病夏治祛湿气"的主题课程。为了吸引听众的兴趣，李医生准备开场时采用提问的方法。但是，她发现在她提完问题后，竟然没有一个听众回答，现场非常尴尬。李医生提的第一个问题是：请问大家的大便情况怎么样，会不会粘马桶？第二个问题是：大家怎么看待湿气的问题？

问题

大家发现了李医生提问时造成冷场的原因了吗？是的，李医生并没有掌握提问的技巧。她提出的问题很难得到听众的反馈，比如第一个问题，试问有听众会在众目睽睽之下举起手来说："老师，我的大便会粘马桶!"还有第二个问题,很多人都不知道该回答什么。所以,这样的问题势必会造成冷场。那么,我们该如何正确提问,以避免冷场呢?

对策

提问是有技巧的,我总结了"三不提/三要提"的原则,首先是"三不提":

1. 不提私密性问题

不要提对听众来说,属于私密性的问题,比如"你今年多大了""以前处过多少对象",等等,这会让听众感到不知所措,同时,你可能还无法获得回应,让现场的氛围尴尬。

2. 不提尴尬性问题

不要提让听众感到尴尬的问题,比如"你的大便正常吗""你有痛经吗",等等,如果当众回答你的问题,会让听众感觉到颜面扫地。所以,你当然会得不到听众的回应,而让现场氛围无比尴尬。

3. 不提思考性问题

不要提需要深入思考才能得到答案的问题,比如"大家怎么看待湿气",很多人从来没有想过,需要花时间来思考,那么你就可能久久不能得到回应。

其次,提问尽量遵循"三要提"的原则:

1. 要提选择性问题。

选择性问题就是给出选项让大家选择,选择性问题一般不会冷场。比如在培训课上,培训师问学员:"如果在航行中,你的船遭遇了风浪，把你冲到了一座荒岛上，现在给你两个选择，一筐鱼和一根鱼竿，你选哪个？"培训师说完，学员开始热烈地讨论起来，并且踊跃地说出自己的答案和理由。

2. 要提是非性问题。

是非性问题就是让听众判断对错，是非性问题一般也不会冷场。当然，根据听众的文化水平不同，你提出的是非问题的难易程度也要不同。针对文化水平低的听众，你的问题要尽量简单，让别人能直接得出答案。如果你要听众接受你的观点，你应该尽量通过正面的问题进行引导，让听众频繁得出"是"的答案，并连续地点头，这种惯性会让听众更加容易支持你后面的观点。比如，某CEO刘总在全员大会上的讲话：

刘总：从行业数据的变化来看，今年我们所处的行业迎来了井喷式增长，大家说是还是不是？

全员齐声应答：是！

刘总：从公司财务报告来看，今年我们公司的业务获得了高速增长，大家说是还是不是？

全员齐声应答：是！

刘总：未来，只要我们继续保持现在这样的劲头，公司依然能够实现高速增长，大家说是还是不是？

全员齐声应答：是！（全场响起了掌声）

3. 要提故事性问题。

很多时候，我们提出一个问题，往往想要直接得到答案，例如：

A. 你搞定客户的核心是什么？

B. 你是如何增加客户黏性的？

这样的提问方式很可能一无所获，为什么呢？对于听众来说，他们可能从未系统地总结过，这些问题都需要思考，短时间很难总结和概括出来，同时会造成紧张的气氛，增加听众的戒备心理。你应该换一种提问方式，询问故事，而不是直接索取答案。

A. 能否说说让你印象深刻的客户？
B. 你还记得最得意的一次成交吗？

听众提出你无法解答的问题，该怎么办

案例

在公司年度总结会上，销售总监艾伦给管理层做了业务总结报告。报告结束后，管理层提出了一系列的问题：为什么今年的业绩才增长30%？你认为销售费用还有节约的空间吗？开发的新产品什么时候可以赢利？等等。会议结束后，艾伦感到出了一身冷汗，幸好他事先做好了充分的准备，才顺利过关。

问题

演讲的过程中任何突发情况都有可能发生，尤其是在互动环节，我们无法控制听众会以什么样的形式提出什么样的问题。这些问题可能让你感到很棘手，比如听众提出你专业领域之外的问题，或者所提问题与演讲主题或其他听众无关，或者问题太过宽泛，回答起来需要大量的时间，等等。遇到这些情况怎么办呢？

对策

1. 重述法

重复叙述听众的问题，一方面确保你正确地理解了问题，另一方面为你思考答案留出时间。例如，您是问如何美化PPT的图片对吗？您是想问如何让自己获得自信，对吧？等等。

2. 转移法

当听众的问题比较棘手时，你可以将这个问题换成另外一个问题，从而转移听众关注的重心。比如，有人问："你的房子价格为何更贵？"你可以说："这是一个关于地段和质量的问题。"当别人和你谈价格问题时，你要和对方谈价值。

3. 延时法

如果实在没有办法，那你就直接告诉这位提问者，他的问题你现在确实还没有答案，然后再补充一句，你会记住他的问题，事后再给他答案。这样处理也是非常得体的。

4. 缓兵法

如果提问者问的问题过于宽泛，或者与主题关联性不大，你可以与对方约定其他时间交流。比如，"看来你对这个话题做过深入研究，问题问得很好。但是我们本次演讲时间很紧凑了，我已经记下了你的问题，一会儿休息的时候，我们互相交流一下"。如果还是有人意犹未尽，一直想和你交流，你可以说："时间有限，这个话题确实很有意义，这个是我的微信，大家可以加我微信，希望我们能有进一步交流的机会。"

5. 抛球法

如果提问者提出的问题你一时无法回答，你可以把问题抛给对方。反问他："这个问题你是怎么理解的？"听听他自己的想法，因为很多提问的人他们本身是有答案的，你再根据他的回答简单做补充就可以了。甚至可以把问题抛给听众，带听众一起去找答案，你再根据听众的回答简单做补充也是可以的。例如："这位听众问题问得很独到，很有水平。刚好我们还有 5 分钟的时间，可以讨论一下。在我回答这个问题之前，我想先听听大家的宝贵的想法。有想主动分享的朋友吗？"如果没有听众愿意主动分享，你可以尝试邀请一些听众来分享。

演讲时踩空摔倒，如何避免尴尬

案例

有位企业领导在上台时，一边走台阶，一边从西服内袋里拿演讲稿，一不留神，脚下有点儿踉跄，旁边工作人员赶紧要扶他，他点头示意不用，淡定地接过话筒，说的第一句话就是："知道我今天来谈业务挑战和应对的，我还没上台，台阶都给我找好了。还好我们稳住了！"现场瞬时爆发出阵阵笑声。

问题

不怕一万，就怕万一。面对重要场合，虽然你会仔细小心，但也难免会遇到踩空绊倒的情况。你要做好被嘲讽的准备。并不是听众要嘲讽你，而是这种意外感让人发笑。很多人面对这种状况会惊慌失措，大脑一片空白,最终导致演说一败涂地。那么,你该如何化解这种尴尬呢?

对策

1. 强信念

首先,你要强大自己的信念:没啥大不了的,摔倒了又能怎么样呢?普通人面对尴尬无比自责,而厉害的人只会微微一笑,这都不算事!你要知道,如果你从此就害怕了、退缩了,这比摔倒了的危害要大100倍。

2. 快转移

不要让观众长时间停留在刚刚的事件当中,你要快速转移观众的视线。比如:"刚刚差点儿给大家行了一个大礼了,我今天还真给大家准备了一个小礼物……"让听众有所收获,他们则会无视这些细微的错误。毕竟没有谁用自己的宝贵时间和注意力,做给别人挑错的放大器。

3. 解尴尬

运用幽默的话术化解尴尬,把"摔倒危机"变为"幽默智慧"。比如有位中医医师在做一场关于"肾虚"主题讲座时,上台前差点儿摔了一跤,但是他不慌不忙地说道:"今天,我们来讲讲肾虚的话题,你知道肾虚有哪些外在表现吗?比如我刚刚上台时的表现。"引得听众哈哈大笑。

遇到破坏演说氛围的人，该怎么办

案例

在 2019 年百度 AI 开发者大会上，公司 CEO 李彦宏先生正发表演讲，在演讲进行到 20 分钟左右时，有一位佩戴参会证件的男青年，忽然走向讲台，将一瓶矿泉水从李彦宏的头顶浇了下去。李彦宏先生在被浇水的 2~3 秒钟内，没有任何躲闪！随后，他一边抹去脸上的水，一边用："What's your problem？"表达了些许不满。安保人员飞奔过去控制住那名浇水男子时，现场爆发出一阵掌声。

问题

在演说时，我们可能会遇到破坏演说氛围的人，比如演说开始后突然闯进会场、演讲中突然起身离场或大声说话，等等。虽然这样的人只是少数，但万一碰到，我们该如何应对呢？

对策

1. 欢迎法：应对迟到者

在你的演说开始后，如果有人突然闯进会场，并且吸引了听众的注意力，导致你的演说中断。这个时候，不要疾言厉色地批评他，虽然你有些气愤，但也要控制住自己的情绪，并向他表示欢迎，展示出你的大度和包容。

2. 提问法：应对喧哗者

在你的演说中，如果有人在台下窃窃私语，也不要去批评他，以免造成尴尬的气氛。你可以向他提个问题以作提醒。如果有人在台下睡觉，你也可以采用同样的方法。

3. 搁置法：应对挑衅者

有时候遇到挑衅者，我们就最好不要去理他，把他搁置起来。我依然记得那是一个寒冷的冬天，我应某大型制造企业邀请给他们的中高层管理干部做"领导力"培训。培训一开始，我让学员们一起探讨一个话题——为什么管理干部的"领导力"如此重要？学员们踊跃发言，有人说提升业绩，有人说增强组织能力，等等。突然之间，我看到一个年轻的男学员虽然没有举手，但是他坐得笔直，用非常认真的眼神望着我，似乎有种想要表达的欲望。于是我走到了他身边，把话筒递给他。他慢慢起身，用不急不缓的语调说："老师，我觉得吧，领导力是天生的，领导力培训毫无意义！"全体学员先是一阵惊呼，然后齐刷刷地望向我。

我听到他的回答时也是愣了几秒钟，这个答案太始料未及，让刚刚营造的融洽的课堂氛围瞬间降到冰点！如果我不能及时地扭转局势，现场会很尴尬，而且课程将面临失败的风险。我迅速地接过了话筒，非常开心地对这位同学说："同学，你这样回答，说明你很有独立思考力，但你的结论为时尚早，相信上完了我的课程，你会有不一样的答案。所以，接下来我要讲的内容对大家来说，都非常重要！"说完，我看到全场所有人那紧绷的神经都舒缓了下来。当你遇到挑衅者的时候，不要陷入问题争论当中，先把问题搁置一旁，然后继续进行你的演说。

不小心说错话，
该怎么办

案例

1981年，白宫突然得到里根遇刺的消息后，总统办公厅一片慌乱，不知所措。富有经验的国务卿黑格出来维持局面。黑格曾任美国驻欧洲部队司令，脱下军装后又当上国务卿，一向以果断、稳重而知名。但他听到里根被刺的消息时，也慌了手脚，还闹了个笑话。

一个记者问黑格："国务卿先生。总统是否已经中弹？"

黑格回答："无可奉告。"

记者又问："目前谁主持白宫的工作？"

黑格答道："根据宪法规定，总统之后是副总统和国务卿。现在副总统不在华盛顿，由我来主持工作。"

这一回答引起了轩然大波,记者们议论纷纷。另一个记者马上又问:"国务卿先生,美国宪法是不是修改了?我记得美国宪法上写明总统、副总统之后是众议院院长和参议院院长,而不是国务卿。"

黑格听后明白是自己失言了,于是急中生智反问道:"请问在两院院长后又是谁呢?他们都不在白宫现场,当然由我来主持了。刚才为了节约时间,少说了一句话而已。"几句话便自圆其说为自己解了围。

问题

人有失足,马有乱蹄。演说过程中也难免会一时失言,导致贻笑大方,或引起纠纷,有时甚至一发不可收拾造成严重的后果。如果不小心说错话,怎么办呢?失言是不可避免的,但只要积累经验、掌握技巧,就能够在一定程度上挽回失言所带来的影响,甚至产生出乎意料的特殊效果。

对策

演讲中出现说错内容是非常正常的情况。原则是面对错误不要慌,不要强化错误,而应淡化错误。在遇到"说错话"的时候,最好的策略不是自我认错:"不好意思,刚刚这个信息我说错了,我现在更正一下",因为一旦你自我纠正,很可能反而提醒了一些没太注意听的听众。

1. 微不足道的错误不要管它

如果错误不是很明显,比如念错了一个字,而且听众并未十分在意,他们仍专注于你下面要讲的内容,那么你最好忽略这个错误,继续你的演说。

2. 稍明显的错误找机会更正

如果是稍明显的错误,只需要重说一次或找机会改正就可以了。比如你把原本业务增长率76.5%错误说成了67.5%,你可以继续说下去,不用停留。在这个议题下,隔十几秒钟,再找机会重新提一下"正确的"数字,就圆回去了。

3. 明显的错误真诚地道个歉

如果是非常明显的错误,只需要真诚地道个歉,再接着讲就可以了。不要过分担心因为自己的错误,会影响听众对你的评价。有时候,真诚的态度更能赢得听众的认可和信任。

临场被告知时间缩短，
如何灵活应对

案例

最近，某行业高峰论坛在杭州举行。营销策划专家老赵受邀在论坛上，给来自全国各地的 300 多位企业家分享营销知识。老赵非常重视这次推广自己品牌的绝佳机会。刚开始，论坛的主办方告诉老赵，他将有一个半小时的分享时间。老赵为此准备了一个精致的 PPT 课件，而且足足练习和彩排了一个星期。正当老赵信心满满地将要登上讲台时，主办方告诉老赵：论坛的整体流程有所变化，接下来给到老赵的分享时间只有 30 分钟，30 分钟后，所有的观众将到另外一个场地参加另外一个活动。原本一个半小时的分享，压缩到30分钟，这让老赵顿时感到不知所措。他上台之后，开始不断地往前赶。"嗯……啊……这个不重要……算了这个不讲了……时间有限这个只能提一下……"整个分享过程充满了这些词语，观众也是云里雾里。

问题

在演说、讲课和沟通中，我们经常会遇到时间被压缩的状况。比如你原本计划花1个小时给老板汇报一个方案，但是老板只能给你10分钟的时间；你原本要讲5天的课程，但企业说员工没法脱产这么久，让你2天时间上完，等等。总而言之，你要随时能调整你的演说内容，以应对时间的变化。

对策

1. 提炼

当你写完了一个长篇幅的演说报告后，你要开始做"减法"，总结和提炼你的主要思想和内容。你可以问自己，假如汇报时只说一句话，你最想说哪句？假如只能说三个要点，你要说哪三个要点？假如只给你5分钟，你最想说哪些内容？等等。当你找到了你演说的核心，你就不再害怕时间调整了，时间短你就简单地说说主要观点和结论，时间长你就具体展开来讲讲。

2. 即兴

如果时间被严重缩短，你可以放弃你的PPT展示，根据你的主要思想和内容要点，即兴地发表你的演说。这里所谓的"即兴"不是指随口乱说，而是根据你前期准备的内容要点，在你的内心即兴重组一篇短时间的演说稿，然后自然流畅地表达出来。

3. 挑选

如果临时被告知演说时间缩短，而你还来不及总结和提炼要点，你也可以挑选几张内容重要的PPT进行深入的讲解。总之，你要围绕几个点讲透，让听众能够完全听懂。不要什么都想讲，每张PPT都介绍，结果都是"蜻蜓点水"，让听众感觉像坐飞机——云里雾里。